KI in Gesundheit und Pflege

Prof. Dr. Walter Swoboda ist Arzt und Informatiker. Er ist zudem Forschungsprofessor an der Hochschule Neu-Ulm. Als Leiter der gemeinsamen Ethikkommission der Hochschulen Bayerns (GEHBa) beschäftigt er sich mit ethischen Fragen zu neuen Technologien aus Medizin und Informatik.

Walter Swoboda

KI in Gesundheit und Pflege

Chancen, Risiken, Ethik

UVK

Umschlagabbildung: © Ivan Bajic · iStock
Autorenbild: © privat

Bibliografische Information der Deutschen Nationalbibliothek
Die Deutsche Nationalbibliothek verzeichnet diese Publikation in der Deutschen Nationalbibliografie; detaillierte bibliografische Daten sind im Internet über http://dnb.dnb.de abrufbar.

DOI: https://doi.org/10.24053/9783381113125

– Ein Unternehmen der Narr Francke Attempto Verlag GmbH + Co. KG
Dischingerweg 5 · D-72070 Tübingen

Internet: www.narr.de
eMail: info@narr.de

CPI books GmbH, Leck

ISBN 978-3-381-11311-8 (Print)
ISBN 978-3-381-11312-5 (ePDF)
ISBN 978-3-381-11313-2 (ePub)

MIX
Papier aus verantwortungsvollen Quellen
FSC® C083411

Inhalt

Danksagung

Ich bedanke mich bei *Prof. Dr. Bernhard Bauer* von der Universität Augsburg und den Teilnehmern des gemeinsamen Workshops zu KI-Anwendungen in Medizin und Pflege im Rahmen der BayWISS-Jahrestagung 2023. Die erarbeitete Liste denkbarer KI-Anwendungen im Gesundheitswesen ist eine wichtige Grundlage für dieses Buch. Bei *Prof. Dr. Manfred Spitzer* danke ich für den Hinweis auf den Artikel zur Optimierung der Erkennungswahrscheinlichkeit bei neuronalen Netzwerken. Außerdem danke ich *Daniel Hieber, M.Sc.*, für die interessanten Gespräche zum Thema.

Vorwort

Ich habe gerade von einem Programmierer gelesen, der ein 30 Jahre altes Computerspiel namens *Doom*[1] auf einem elektronischen Schwangerschaftstest zum Laufen gebracht hat. Dabei hat er ein wenig geschummelt, denn er benötigte zusätzlich einen externen Minicomputer der 5-Euro-Klasse. Trotzdem ist das eine erstaunliche Leistung. Vor 30 Jahren lief *Doom* nur auf gut ausgestatteten PCs, heute reichen ein Stück Technikschrott und eine billige Zusatzplatine. Billigste Hardware genügt, um ein einst anspruchsvolles Programm laufen zu lassen.

Wie wird die Welt in den nächsten 30 Jahren aussehen? Wenn die Entwicklung so weiter geht wie bisher, dann werden viele **KI[2]-Systeme**, die wir heute nutzen, auf so ziemlich jedem Gerät laufen, die irgendwelche Elektronik enthält. Wird mir dann meine elektrische Zahnbürste Vorwürfe machen, wenn ich mir abends die Zähne zu kurz reinige? Das tut sie heute schon. Aber die „intelligente“ Zahnbürste der Zukunft kann nicht nur meckern, sie kann auch mit mir diskutieren, sich mit anderen Geräten austauschen oder meine Daten an die Krankenversicherung senden, wenn sie das für richtig hält. Ich kann mir gut vorstellen, dass eine Versicherung die Zahnbürste bezahlt, den Kunden aber dafür verpflichtet, sich die Zähne regelmäßig und gründlich zu putzen. Tut er das nicht, erhöht sich der Eigenanteil bei der nächsten Zahnbehandlung. Ob und wie ich meine Zähne putze, entscheiden dann nicht mehr ich oder mein Zahnarzt, sondern meine Zahnbürste. Sie wäre „intelligent“, wie meine Wohnung, mein Autoschlüssel, mein Wecker und wahrscheinlich auch meine Kleidung.

Auch in medizinischen und pflegerischen Geräten wird KI massiv zum Einsatz kommen. Während ich bei meinen Alltagsgegenständen hoffentlich noch eine gewisse Wahlmöglichkeit habe, wird es hier schon etwas heikler, denn die Medizin spielt wie so oft eine besondere Rolle. Damit meine ich nicht die eingesetzte Technik, die unterscheidet sich nicht wesentlich von anderen Anwendungsbereichen. Aber in der Medizin geht es um die eigene

---

1 *Doom* ist ein typisches Actionspiel und einer der ersten Vertreter dieses Genres. Der Spieler läuft mit einer Waffe in der Hand durch verschiedene Räume und muss Gegner ausschalten, bevor sie ihn angreifen.

2 *KI* ist die Abkürzung für *künstliche Intelligenz*, im angloamerikanischen Sprachraum wird *AI* für *Arteficial Intelligence* verwendet.

Gesundheit, manchmal sogar um die eigene Existenz, und natürlich will jeder die beste Behandlung.

Wenn wir in nichtmedizinischen Bereichen auf KI verzichten, werden vielleicht einige Prozesse nicht optimal ablaufen und einige Entscheidungen falsch oder verspätet getroffen. Das ist nicht schön, aber damit könnten wir leben. Aber welcher schwer kranke Mensch würde freiwillig auf ein Verfahren verzichten, das sein Leben verlängern oder ihn sogar heilen könnte?

Die Medizin ist daher ein wichtiges, wenn nicht sogar das wichtigste Einfallstor für Anwendungen der künstlichen Intelligenz.

Der Herbst 2022 wird in die Geschichte der Informatik eingehen, da die Firma **OpenAI** das Programm **ChatGPT** in Betrieb nahm. Ein historischer Durchbruch. Wer sich mit dem System unterhält, hat das Gefühl, einen Menschen vor sich zu haben, mit dem man sich zwanglos unterhalten kann. Allerdings verfügt ChatGPT über deutlich mehr Wissen als vergleichbare Systeme und beherrscht zudem fast alle gängigen Sprachen.

Nach einigen Versuchen habe ich die Probe aufs Exempel gemacht und ChatGPT mit einer kompletten Bachelorarbeit beauftragt. Eigentlich dachte ich nicht, dass etwas Vernünftiges dabei herauskommen würde. Meine bisherigen Erfahrungen mit solchen Konversationssystemen waren eher ernüchternd. Die Programme beherrschten meist nur ein mittelmäßiges Englisch und die Gespräche verliefen recht eintönig.

„Neue Entwicklungen der Digitalisierung in der Pflege", so sollte der Titel lauten. Die Maschine lieferte fast augenblicklich eine mögliche Gliederung, deren Überschriften ich wieder einspeiste mit der Bitte, zu jedem Punkt zwei bis vier Seiten zu schreiben. Ich fasste die Texte zusammen und bat ChatGPT, sie mit geeigneten Literaturangaben zu ergänzen, die ebenso prompt geliefert wurden. Längere Sätze sind orthographisch und grammatikalisch korrekt und die Kommasetzung ist besser, als ich es gewohnt bin. Die Ausgabegeschwindigkeit war in Ordnung und insgesamt machte das System einen recht „erwachsenen" Eindruck.

Insgesamt habe ich für die 40 Seiten nur knapp 15 Minuten gebraucht. Um ehrlich zu sein, es hat nicht einmal so lange gedauert, da ich gleichzeitig online mit einer etwas eintönigen Videokonferenz beschäftigt war.

Die Bachelorarbeit, die dabei herausgekommen ist, ist zwar kein Meisterwerk, aber ganz ansehnlich. Ich fügte ein Deckblatt mit einem fiktiven Namen hinzu und gab das Ganze einem Kollegen. Ich hatte ihn nicht gebeten, die Arbeit genau durchzusehen. Er sollte nur sagen, welche Note er nach grober Durchsicht empfehlen würde. 2,7 war seine Empfehlung. Nicht gerade das, worauf man stolz sein kann, aber weit davon entfernt, durchgefallen zu sein. Ein gutes Ergebnis, wenn man bedenkt, wie einfach und schnell es ging.

Später sah ich mir den Text genauer an und entdeckte etwas, das mich erstaunte: Von den insgesamt 23 Zitaten waren gerade einmal drei „echt“, also tatsächlich vorhanden. Die anderen 19 waren frei erfunden. Ich jedenfalls konnte weder die Autoren noch die Titel der zugrundeliegenden wissenschaftlichen Arbeiten finden. Allerdings waren diese „Literaturstellen“ so gut gemacht, dass sie ohne weiteres als authentisch durchgingen. Erst nach intensiver Suche in wissenschaftlichen Literaturdatenbanken konnte ich aufdecken, dass es sie nicht gibt.

Kann eine Maschine lügen und wenn ja, warum so gut? Was bedeutet das für Gesundheit und Pflege?

Unser Gesundheitssystem wird sich dramatisch verändern, so viel ist sicher. Wohin es sich entwickelt und warum, ist Gegenstand dieses Buches. Im → Vorwort gehe ich kurz auf die geschichtliche Entwicklung der KI ein, dann folgt → Kapitel 1 mit den technischen Grundlagen. Dabei können wir auf Formeln oder komplizierte Beschreibungen von Algorithmen verzichten, weil die Systeme bis zu einem gewissen Grad nach einfachen, ja trivialen Prinzipien funktionieren. Es gibt so viele Parallelen zu biologischen Prozessen, dass auch die Medizin nicht zu kurz kommt. Denn es ist wichtig, zu wissen, wie Gehirne funktionieren, um Gemeinsamkeiten und Unterschiede zu Computern zu verstehen. Und weil Chatbots die derzeit leistungsfähigsten Beispiele für KI sind, gibt es ein eigenes → Kapitel 2 dazu. Zunächst beschäftigen wir uns in → Kapitel 3 mit der Frage, welche Voraussetzungen für den Einsatz von KI-Systemen in Medizin und Pflege notwendig sind, bevor ich in den → Kapiteln 4 bis 9 mögliche Szenarien beschreibe. Dabei erhebe ich keinen Anspruch auf Vollständigkeit, aber die beschriebenen Einsatzfelder haben eine hohe Realisierungswahrscheinlichkeit. Welche Regeln wir dabei beachten sollten, ist Gegenstand von → Kapitel 10. Am Ende des Buches, in → Kapitel 11, konnte ich es mir nicht verkneifen, über Dinge zu sprechen, die in fernerer Zukunft liegen. Lassen Sie sich überraschen.

Ist KI in Medizin und Pflege nun Fluch oder Segen? Urteilen Sie selbst! Dieses Buch liefert Ihnen Grundlagen, Anregungen, Szenarien und mögliche Konsequenzen. Es kann die eigene Auseinandersetzung nicht ersetzen.

im April 2024
Walter Swoboda

Genderhinweis | Der Autor verzichtet auf verkürzte Formen zur Kennzeichnung mehrgeschlechtlicher Bezeichnungen im Wortinneren und verwendet in der Regel das generische Maskulinum.

Kapitel 1 | Denkende Maschinen

Rechenmaschinen

Die Natur nachzuahmen war schon immer verlockend und hat die Menschen zu Höchstleistungen angespornt. So manche alte Tischuhr ist mit einer komplizierten Mimik ausgestattet, das singende Vögel, tanzende Paare oder Ähnliches simuliert. Wo das nicht reichte, wurde auch schon mal geflunkert. **Wolfgang von Kempelen** baute 1769 einen mechanischen Schachspieler, der zur Verblüffung seiner Zeitgenossen viele Partien gewann. In Wirklichkeit war die Schachfigur auf einem Tisch befestigt, hinter dem sich eine kleine Person versteckte, die die Maschine mit Hilfe eines Apparats bediente. Immerhin waren solche Apparate mindestens 150 Jahre lang die Attraktion auf Jahrmärkten. Es ist eben faszinierend, einen „lebenden" Automaten zu besitzen, den man selbst geschaffen hat.

Wissen | Wolfgang von Kempelen (1734–1804) war ein ungarischer Mechaniker, Erfinder und Staatsbeamter.

Abb. 1: Wolfgang von Kempelens mechanischer Schachspieler

Automaten wurden ursprünglich auch nicht gebaut, um Rechenaufgaben zu lösen, Texte zu schreiben oder als Kommunikationsmittel zu dienen. Ein Ziel war von Anfang an, Menschen oder Tiere so gut wie möglich nachzuahmen. Die Idee einer denkenden Maschine ist so alt wie die ersten Rechenmaschinen.

Als die ersten **Computer** mit ihren damals ungeheuren Möglichkeiten gebaut wurden, schien es, als würden alle Grenzen fallen. Der IT-Pionier **Joseph Weizenbaum**, meint, dass die Informatik und insbesondere das Fachgebiet der **Künstlichen Intelligenz** (KI) schon immer große Erwartungen geweckt oder sogar Symptome von Größenwahn gezeigt habe: „Wenn wir heute etwas nicht haben, werden wir es morgen oder übermorgen haben." So gingen die frühen Computerpioniere fest davon aus, dass sich in wenigen Jahren jeder mit seinem Computer wie mit einem Mitmenschen unterhalten könne. Selbstfahrende Züge und Autos schienen nur eine Frage der Zeit.

Wissen | Joseph Weizenbaum (1923–2008) war ein deutsch-US-amerikanischer Informatiker und Pionier der KI.

Nicht wenige **Dystopiker** warnten davor, dass **Roboter** mit Computergehirnen die Menschheit unabwendbar versklaven würden. Im Film, wie in **Stanley Kubricks** Meisterwerk *Odyssee 2001*, handeln Maschinen autonom und nicht selten gegen die Interessen ihrer Schöpfer.

Wissen | Stanley Kubrik (1928–1999) war ein US-amerikanischer Fotograf, Filmemacher und Produzent.

Es gibt eine schöne Kurzgeschichte von **Isaac Asimov** in der ein neu ausgepackter und installierter Roboter nicht glauben mag, dass er von „unvollkommenen" Menschen geschaffen wurde. Da er jedoch seine Aufgaben weiterhin erfüllte, beließen ihn die Protagonisten der Erzählung schließlich dabei.

Wissen | Isaac Asimov (1920–1992) war ein russisch-amerikanischer Biochemiker und Autor zahlreicher Sachbücher und Science-Fiction-Romane.

I, Robot ist ein neuerer Film (2004), der auf einer Geschichte von Asimov aus dem Jahr 1950 basiert. Hier werden allen Robotern die „Robotergesetze" auferlegt, was sie dann jedoch nicht hindert, ihre Unabhängigkeit zu fordern. Asimov nahm seine Gesetze durchaus ernst. Er war fest davon überzeugt, dass Maschinen bald eine neue, intelligente Lebensform begründen werden. Seine Regeln sind als erste Grundlage für ein Zusammenleben von Menschen und Automaten gedacht.

Wissen | Asimov'sche Robotergesetze

1. Ein Roboter darf kein menschliches Wesen verletzen oder durch Untätigkeit zulassen, dass einem menschlichen Wesen Schaden zugefügt wird.
2. Ein Roboter muss den ihm von einem Menschen gegebenen Befehlen gehorchen – es sei denn, ein solcher Befehl würde mit Regel eins kollidieren.
3. Ein Roboter muss seine Existenz beschützen, solange dieser Schutz nicht mit Regel eins oder zwei kollidiert.

Die **Informatik** hat sich in der Zwischenzeit rasant weiterentwickelt und Computer haben alle Bereiche des menschlichen Lebens erobert. Das Phänomen, dass sie heute praktisch überall eingesetzt werden, ist als Digitalisierung bekannt.

Maschinen erfüllen profane Aufgaben als Rechner in Steuerzentralen und werden bei der Produktion von Texten, Bildern, Filmen und Musik eingesetzt. Die meisten dienen heutzutage als Kommunikationsgeräte. Mobiltelefone und Smartphones ja sind nichts anderes als tragbare Computer, die mit dem Internet verbunden sind.

Diese Entwicklung ist ein Lehrstück für alle Zukunftsforscher. Kein EDV-Pionier hatte den Einsatz von Computern zur Kommunikation in dieser Größenordnung vorhergesehen. Prognosen sind schwierig, besonders wenn sie die Zukunft betreffen, wie Karl Valentin bemerkte.

Wissen | Karl Valentin (1882–1948) war ein Münchner Komiker und Volkssänger.

Der große Sprung

Die weite Verbreitung von Computern beruht auf **Miniaturisierung**, unglaublicher **Leistungssteigerung** und dem damit verbundenen rapiden Preisverfall. Gemäß **Moores Gesetz** verdoppelt sich die Leistung elektronischer Computerkomponenten etwa alle 12–18 Monate, während der Preis fällt oder unverändert bleibt. Diese Regel gilt seit 1970 ohne Ausnahme. Wenn unsere Fahrzeuge sich genauso schnell entwickelt hätten, würde ein neues Auto heute höchstens 25 Euro kosten und mit einem Liter Kraftstoff 1000 Kilometer weit fahren, ohne dass der Komfort beeinträchtigt wird.

Wissen | Gordon Moore (1929–2023) war ein amerikanischer Chemiker und Gründer der Firma Intel.

Bis vor kurzem schien die Leistungsfähigkeit von Computern an ihre Grenzen zu stoßen. Doch mit neuen Entwicklungen wie dem Quantencomputer rücken Möglichkeiten in greifbare Nähe, von denen Experten bisher nicht zu träumen wagten. Die Informatik steckt noch in den Kinderschuhen, nicht nur wegen ihres jungen Alters von knapp 100 Jahren, sondern auch, weil sie bisher keine großen technischen Revolutionen erlebt hat.

Nachhaltige Erfindungen durchlaufen im Laufe ihrer Entwicklung strukturelle Veränderungen. Die ersten Doppeldecker besaßen Propeller, waren größtenteils aus Holz und mit Leinen bespannt. Heutige Flugzeuge bestehen aus Aluminium und Karbon und verwenden Düsentriebwerke. Mit den allerersten Fluggeräten haben sie praktisch nur noch die Anordnung der Tragflächen gemeinsam. Die Veränderungen sind nicht nur eine Frage des Designs, sondern vielmehr eine Anpassung an veränderte Anforderungen. Die Ingenieure der ersten Stunde waren gezwungen, eine Konstruktion zu entwickeln, die bei geringem Eigengewicht eine hohe Nutzlast tragen konnte, da die Triebwerke nur über eine geringe Leistung verfügten. Heute steht die Effizienz im Vordergrund, also die Kosten pro geflogenem Kilometer. Entsprechend haben sich die eingesetzten Mittel verändert.

Bei Computern zählt nach wie vor die Rechenleistung, also die Anzahl der pro Zeiteinheit ausgeführten Rechenoperationen. Die verwendete Technik hat sich durchaus gewandelt: Zunächst wurden elektromechanische Schalter (Relais) eingesetzt, dann Elektronenröhren und schließlich die heute übliche Transistortechnik, stark miniaturisiert auf Siliziumplättchen gepackt. Die grundsätzliche Funktionsweise ist jedoch gleichgeblieben. Alle heutigen Geräte arbeiten wie die ersten programmierbaren elektronischen Rechner digital und basieren auf Logikgattern, die grundlegende mathematische Verknüpfungen realisieren. Diese wiederum basieren auf einer speziellen Algebra von **George Boole**, der Anfang des 19. Jahrhunderts in England lebte.

Die wenigen Analogrechner, die zwischenzeitlich gebaut wurden, bestätigen eher die Regel.

Wissen | George Bool (1815–1864) war ein englischer Mathematiker.

Auch bei den Programmiertechniken gibt es keinen wirklichen Quantensprung: Nach wie vor werden die Computer mit imperativen Sprachen gefüttert, in denen Anweisung an Anweisung gereiht wird (auch hier gibt es wenig erfolgreiche Ausnahmen wie z. B. die interaktive Programmierumgebung **PROLOG**). Alles in allem haben wir es also mit einer rein quantitativen Entwicklung zu tun. Unsere Computer wurden leistungsfähiger, unsere Programmiersprachen komfortabler, aber es gab keine wirklich neuen Konzepte, die sich durchsetzen konnten.

Das ändert sich jetzt. Während Computer früher hauptsächlich mit Algorithmen, also Anweisungslisten, gearbeitet haben, sind moderne KI-Systeme extrem datengetrieben. Ändern sich die **Daten**, ändern sich zwangsläufig auch die Systeme. Eine bisher immer gültige Eigenschaft von Maschinen, nämlich ihre implizite Eindeutigkeit, wird damit aufgegeben. Im Gegenzug gewinnen **Datenbanken** enorm an Bedeutung, sie sind das „Öl des 21. Jahrhunderts". Wir befinden uns mitten in der ersten wirklichen Revolution der Computertechnologie.

Kapitel 2 | Grundlagen der KI

Frühe Versuche

Was ist aus den Hoffnungen der ersten Pioniere wie natürliche Sprache, selbstständiges Denken oder gar Maschinenbewusstsein geworden? Viel wurde versucht, Milliarden an Fördergeldern wurden ausgegeben. Erreicht wurde zunächst wenig, fast nichts. Computer blieben billige, schnelle, aber im Grunde dumme Werkzeuge, die nie selbständig arbeiteten. Sie waren die Säge in der Hand des Schreiners und der Pinsel in der Hand des Künstlers. Keine Säge kann den Schreiner ersetzen, kein Pinsel das Bild allein malen. Aber je besser das Werkzeug, desto perfekter das Ergebnis. Folgerichtig hat man sich darauf verlegt, den Menschen bei seiner Arbeit zu unterstützen.

Auch in der **Medizin** wurde daran gearbeitet und es entstanden Programme, die Diagnosen oder Therapien vorschlagen. Zwischen 1992 und 1996 arbeitete ich als wissenschaftlicher Entwickler im Team von Prof. Lothar Gierl am Klinikum der Universität München.

Wissen | Lothar Gierl (1942–2004) war ein deutscher Informatiker und KI-Pionier in der Medizin.

Wir haben medizinische Expertensysteme programmiert und zwei Ansätze ausprobiert. Zum einen mit einem Programm, das Dienstpläne für die Pflege erstellt, zum anderen mit einem System, das Therapievorschläge für lebertransplantierte Patienten liefern soll. Das Dienstplansystem arbeitet mit festen Regeln, die aus einer Eingabe (Anzahl der Pflegekräfte, Anzahl der zu leistenden Dienste, Arbeitszeiten, Wochenenden, individuelle Urlaubswünsche etc.) bestehen. Ein solches „regelbasiertes System“ war weder besonders neu noch originell, aber es sollte funktionieren, da es auf ein bereits existierendes Programm aufbaute. Natürlich hat es nicht funktioniert und wir haben das Projekt nie zu Ende gebracht. Es ist oft einfacher, etwas neu zu beginnen, als nach alten Fehlern zu suchen.

Die Idee mit den **Therapien** bei transplantierten Patienten war anspruchsvoll: Aus einer großen Datenbank von Lebertransplantierten wurde ein medizinisch ähnlicher Fall herausgesucht und dieser dann als Referenz vorgeschlagen. Dieses Vorgehen entspricht dem eines fortgeschrittenen

Arztes: Während ein Anfänger meist nach festen, gelernten Regeln vorgeht (wie das Dienstplan-Programm), hat ein Oberarzt oft schon genügend Erfahrungswerte, um Vorschriften zu modifizieren oder wegzulassen, wenn es sinnvoll erscheint.

Dies erwies sich jedoch als schwierig. Zum einen ist es nicht einfach, ein Maß für die Ähnlichkeit zweier medizinischer Fälle zu finden. Die Suche nach geeigneten Formeln ist ein eigenes Forschungsgebiet und es gibt eine Vielzahl von Lösungsvorschlägen. Welche sollen wir verwenden? Der zweite Punkt war nicht weniger knifflig: Ein „Fallbasiertes System" ist immer nur so gut wie die gespeicherten Fälle. Wenn die Datenbank keine passenden Therapien liefert, kann das System auch keine liefern.

Das ist ein grundsätzliches Problem früher KI-Systeme: Sie sind immer auf bestehende Regeln oder sinnvolle Vorlagen angewiesen, um zu funktionieren. Daran haperte es auch in unserem Fall: Die vorhandenen **Algorithmen** lieferten Daten, die bei näherer Betrachtung nicht immer besonders ähnlich waren. Wurde dennoch ein passender Fall gefunden, so lag er schon einige Zeit zurück und es wurde eine Therapie vorgeschlagen, die inzwischen als überholt galt, also nicht mehr verwendbar war. Eine Programmiererweisheit lautet:

„Garbage in, garbage out".

Das ist gemeint: Wenn deine Daten nur Müll sind, sind auch deine Ergebnisse nur Müll. Wie wahr.

Insgesamt waren unsere Bemühungen also nicht besonders ermutigend, aber so ist das in der Forschung. Man muss Durststrecken überwinden, um irgendwann zu vernünftigen Lösungen zu kommen. Leider hielt die Bereitschaft der Ärzte, unsere Systeme zu testen, nicht lange an. Denn wir hatten noch mit einem anderen Problem zu kämpfen. Die Digitalisierung der Patientendaten war noch nicht sehr weit fortgeschritten, und so mussten die armen Kliniker erst einmal Unmengen von Fragen eintippen, bevor das System genug Informationen hatte, um eine Therapie vorzuschlagen. Kein Arzt arbeitet gerne mit einem Programm, das er erst eine Stunde lang füttern muss, bevor es einen Vorschlag macht, der – vielleicht – in die richtige Richtung geht.

Wären ausreichende Regeln oder genügend **Daten** vorhanden gewesen, hätte man vielleicht funktionierende Systeme bauen können. Aber seien wir ehrlich: Ein solches Expertensystem, das mit Regeln und Vergleichsfällen arbeitet, verhält sich nur wie ein Lexikon: Es sucht in einer Wissensbasis und gibt dann eine Empfehlung ab, die vorher schon da war. Unter künstlicher

Intelligenz verstehen die meisten etwas anderes. **Künstliche Intelligenz** soll auch Lösungen finden, die es vorher nicht gab.

Was für diese frühen Versuche mit künstlicher Intelligenz in der Medizin typisch war, wollen wir kurz zusammenfassen:

Wissen | Regeln und Digitalisierung

Problem 1: Mangel an eindeutigen Regeln
Es gab keine klaren **Regeln** für Diagnose und Therapie. Das ist auch heute noch so. Es gibt zwar Lehrbücher, Leitfäden und Verfahren, die aber bei näherer Betrachtung immer einer menschlichen Interpretation bedürfen. Kein Kochbuch kommt ohne den Koch aus. Eine Bemerkung wie „Sie müssen vielleicht noch salzen" macht eine Maschine hilflos, denn sie hat kein Geschmacksempfinden. Wenn ein Patient einen desolaten Eindruck hinterlässt, woran machen Sie das fest?

Problem 2: Daten sind nicht digitalisiert
Die **Digitalisierung** von medizinischen Daten war nicht besonders weit fortgeschritten. Das ist seitdem etwas besser geworden. Deutschland ist zwar immer noch nicht besonders weit und wir sind in dieser Disziplin ziemliches Schlusslicht im Vergleich mit anderen Ländern Europas. Das mag jetzt hart klingen, entspricht aber den Tatsachen. Trotzdem gibt es wesentlich mehr digitalisierte Datensätze als noch vor 30 Jahren, auch im „Digitalisierungsentwicklungsland" Deutschland.

Problem 3: Klassifizierte Datensätze sind Mangelware
Wenn Daten vorhanden waren, waren sie nicht klassifiziert. Eine kurze Erklärung: Eine Datenbank, die Bilder von Hunden und Katzen enthält, nützt einer KI allein wenig, egal wie groß sie ist. Was fehlt, ist die Information, ob ein Bild eine oder mehrere Katzen oder einen oder mehrere Hunde (oder beides) zeigt. Irgendjemand muss sich hinsetzen und diese Information liefern. Es wäre fatal, wenn hier Fehler gemacht würden. Denn ein datengetriebenes KI-System arbeitet auf der Grundlage von Klassifikationen. Wenn diese falsch sind, wird es auch falsche Ergebnisse liefern. Hat sich die Situation seither verbessert? Primär klassifizierte Daten sind immer noch Mangelware und werden von ihren Besitzern gehütet wie die berühmten Augäpfel. Aber es gibt inzwischen ausgefeilte Methoden, um eine Datenbank selbst zu klassifizieren.

Starke und schwache KI

Der Begriff „Künstliche Intelligenz“ ist viel zu weit gefasst. Ist damit gemeint, dass

- ein Programm Empfehlungen gibt (Expertensystem),
- ein **Computerprogramm** sich frei mit einem Menschen unterhalten kann (**Chatprogramm** oder Konversationssystem),
- eine Maschine nicht nur selbstständig handelt, sondern auch Neues entwickelt (selbstlernendes System) oder
- ein Programm so etwas wie eine eigene Persönlichkeit entwickelt (Ich-Bewusstsein)?

Ein herkömmliches Expertensystem erzeugt immer nur genau die Ausgaben, die bereits in den Daten enthalten sind, es ist also grundsätzlich nicht konstruktiv. Ein **Konversationsprogramm** hingegen sollte zumindest in der Lage sein, neue Sätze zu generieren, damit ein Gespräch nicht völlig monoton wird. Hier gab es schnell erstaunliche Fortschritte, vor allem weil die menschliche Sprache in bestimmten Situationen sehr vorhersehbar ist. Deshalb können bereits einfache Konstruktionen funktionieren (siehe Kasten).

Beispiel | Weizenbaums *ELIZA*

1966 entwickelte **Joseph Weizenbaum** ein einfaches Programm (ca. 500 Zeilen Quellcode), das einen Psychotherapeuten simuliert. Er wollte damit beweisen, dass es nicht notwendig ist, auf den Inhalt eines Gesprächspartners einzugehen, wenn man das Gespräch nur am Laufen hält. Seine Erwartung war, dass ***ELIZA*** sich nicht als Therapeut eignet, da es keine Probleme löst oder ausreichend Lösungsansätze bietet.
Die Patienten sahen dies jedoch völlig anders. Viele wollten auch nach der Testphase mit dem Programm „vertraulich reden“ und einige Therapeuten sahen darin sogar eine neue Form der Behandlung. Dieses Ergebnis wird als *ELIZA-Effekt* bezeichnet. Solange die Antworten „menschlich“ wirken, wird der Gesprächspartner anerkannt, auch wenn seine Antworten nur die Inhalte des anderen widerspiegeln.
Weizenbaum war von den Ergebnissen erschüttert und wurde in der Folge zu einem der größten Kritiker von KI-Systemen. Der sehenswerte Film *Plug and Pray* dokumentiert dies eindrucksvoll.

Kurze *ELIZA*-Session (durchgeführt am 11.11.2023)

▸ „Hallo ELIZA."
▹ „Hallo! Wie geht's?"
▸ „Eher nicht so gut."
▹ „Fahren Sie fort."
▸ „Ich schlafe derzeit schlecht."
▹ „Das tut mir leid zu hören."
▸ „Was kann ich da tun?"
▹ „Fallen Ihnen Gründe dafür ein?"
▸ „Es könnte an der Arbeitsüberlastung liegen."
▹ „Würden Sie sich einen anderen Job wünschen?"
(Anm.: Das ist einer der wirklich wenigen Ratschläge, den ELIZA geben kann.)
▸ „Nein, ich liebe meine Arbeit."
▹ „Ok."
▸ „Meinen Sie, ein Jobwechsel würde helfen?"
▹ Denken Sie, das ist sehr wahrscheinlich?"
(...)

Wir sehen, dass *ELIZA* sehr vorhersehbar reagiert. Heutige Konversationsprogramme wie **ChatGPT** (s. u.) bieten wesentlich mehr, sie konstruieren neue Sätze und können auch Fragen beantworten. In einem wesentlichen Punkt sind sich aber alle Konversationssysteme ähnlich: Sie verwenden Sprache als ein in sich geschlossenes Konstrukt ohne wirklichen Bezug zur Realität. *ELIZA* weiß nicht, was ein „Job" ist, auch ChatGPT hat keine wirkliche Vorstellung davon.

ELIZA ist (wie alle heutigen Konversationssysteme) ethisch höchst problematisch, weil die Antworten des Systems nicht wahrheitsgemäß, sondern schlicht gelogen sind. Die Antwort „Es tut mir leid, das zu hören" ist eine reine Phrase. *ELIZA* weiß nicht, was „Leid" ist und das Programm hat auch keine Möglichkeit, so etwas wie Mitgefühl zu entwickeln. Dass die Antwort überhaupt funktioniert, liegt daran, dass Menschen ständig auf der Suche nach interpretierbaren Mustern sind. Dies ist eine Folge des anthropomorphen[3] Verhaltens, das selbst einfache Programme wie *ELIZA* einschließt. Wir interpretieren menschliches Verhalten auch dort, wo es gar keines geben kann.

Ein wirklich kreatives KI-System würde sich wie ein Lebewesen an der Realität orientieren. Ich-Bewusstsein zu erlangen würde bedeuten, auch Gefühle, Stimmungen, Charakter und dergleichen zu entwickeln. All das gibt es nicht und es ist fraglich, ob es das jemals geben wird. Theoretisch wäre es aber denkbar. In der Informatik wird die KI daher in zwei Bereiche eingeteilt: die ***schwache KI*** und die ***starke KI***.

Schwache KI ist das, was wir bereits in Ansätzen haben, also Expertensysteme, Chatprogramme, Bilderkennungssoftware etc. Diese Systeme können Probleme lösen, oft sogar besser als der Mensch. So gewann der Computer *Deep Blue* 1996 im Schach gegen den damaligen Weltmeister Garri Kasparow. Hat er (also Deep Blue, nicht Kasparow) sich darüber gefreut? Hat er Genugtuung empfunden, einen Weltmeister im Spiel geschlagen zu haben? Wohl kaum.

Deep Blue spielt sehr gut Schach, aber es gibt einen großen Unterschied zwischen Menschen und Deep Blue. Menschen sind sich ihrer selbst bewusst, können Glück empfinden, leiden und andere Gefühle haben. All das kann Deep Blue nicht. Er gehört zur Kategorie der schwachen KI, auch wenn das wie eine Untertreibung klingt. Er spielt Schach, weil er dafür entwickelt wurde und genau das tun soll. Er kann nicht für sich selbst spielen. Wenn man ihn in Ruhe lässt, tut er einfach nichts. Er ist nur ein Werkzeug.

Bewusstsein

Bei der starken KI ist das anders, oder besser: wäre es anders. Denn starke KI gibt es (bisher?) nur als Science-Fiction. Ein System wäre der starken KI zuzuordnen, wenn es ein eigenes Bewusstsein hätte. Wäre Deep Blue eine starke KI, hätte er Kasparow vielleicht herausgefordert oder das Spiel abgebrochen, weil er sich vielleicht nicht wohl gefühlt hätte. Er hätte sich über seinen Sieg gefreut und Kasparow nach der Partie je nach Charakter getröstet oder verspottet. Kurz: Er hätte sich wie ein Mensch verhalten.

---

3 Anthropomorphismus ist ein typisches menschliches Verhaltensmuster, das darin besteht, Dingen, Pflanzen, Tieren oder anderen Wesen menschliche Eigenschaften zuzuschreiben.

Aber das ist alles Spekulation, denn es gibt noch nicht einmal Ansätze einer starken KI. Es ist völlig rätselhaft, wie und warum Menschen in den ersten Lebensjahren ein Ich-Bewusstsein entwickeln. Es ist daher auch völlig unklar, ob und wie Maschinen ein solches Bewusstsein eingepflanzt werden könnte.

Das Wissen des Menschen um seine eigene Existenz ist der Kern seiner starken Intelligenz. Schon der französische Philosoph **René Descartes** postulierte: „Ich denke, also bin ich."

Wissen | René Descartes (1596–1659) war ein französischer Philosoph, Mathematiker und Naturwissenschaftler.

Nur wer sich seiner eigenen Existenz bewusst ist und sie reflektieren kann, ist in der Lage, auf äußere Umstände so zu reagieren, wie es einem Individuum zusteht. Wenn etwas Schlechtes passiert, wird er betroffen oder traurig sein; wenn etwas Gutes passiert, wird er Freude empfinden. Das liegt daran, dass das Ich-Bewusstsein die äußeren Umstände in Beziehung zur eigenen Existenz setzt. Das „Ich" will weiter existieren, Freude empfinden und sich selbst belohnen. Die Angst vor dem Tod ist daher allen Wesen mit Ich-Bewusstsein (zumindest teilweise) eigen. **Siegmund Freud** betrachtete sie sogar als Hauptantrieb allen Handelns.

Wissen | Sigmund Freud (1856–1939) war ein österreichischer Arzt und Begründer der Psychoanalyse.

„Ich denke, also bin ich", das können derzeit nur Menschen von sich sagen, bei Tieren gibt es nur vage Vermutungen. Ein Indiz dafür, dass sich ein Lebewesen als Individuum wahrnimmt, war früher der „Spiegeltest". Dabei hält man dem Lebewesen einen Spiegel vor die Nase und beobachtet, ob es sich selbst erkennt. Menschenaffen können das, Hunde nicht. Mein Hund jedenfalls bellt, wenn er sich im Spiegel sieht, denn da ist offensichtlich ein Eindringling, den es zu vertreiben gilt. Kürzlich ist es japanischen Forschern gelungen, Rhesusaffen darauf zu trainieren, sich selbst zu erkennen, und inzwischen ist das auch Elefanten, Delfinen, Elstern und einigen Fischarten geglückt. Während man den klugen Elstern gerade noch zutraut, sich ihrer selbst bewusst zu sein, ist das bei Fischen eher unwahrscheinlich. Der

Spiegeltest taugt also nicht viel. Spielt die Größe oder die Beschaffenheit des Gehirns eine Rolle?

Evolution der Gehirne

Im Laufe der biologischen **Evolution** wurden die Gehirne der Tiere immer größer bis hin zum *Homo sapiens sapiens*, dem heutigen Menschen. Das Wachstum verlief nicht gleichmäßig, vor allem der *Neokortex* vergrößerte sich. Das ist der Teil des Gehirns, der wie eine Haube über den entwicklungsgeschichtlich älteren Teilen des Gehirns liegt.

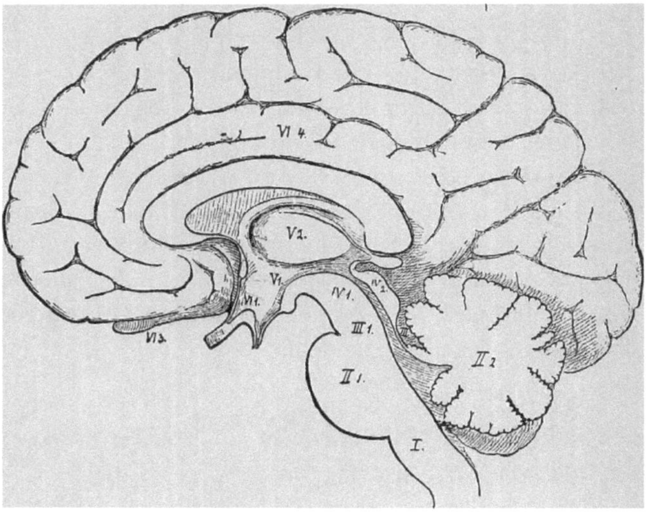

Abb. 2: Menschliches Gehirn im Querschnitt. Der Neokortex ist der stammesgeschichtlich jüngste Abschnitt, er stülpt sich wie eine Haube über die älteren Hirnbestandteile

Das menschliche **Gehirn** ist nicht nur eines der größten im Verhältnis zum Körpergewicht, es weist auch die meisten Furchen und Windungen auf seiner Oberfläche auf. Das ist wichtig, denn die ***Neuronen*** des Großhirns sind an der Oberfläche angeordnet. Gefurchte Gehirne gelten als leistungsfähiger, weil sie mehr Oberfläche haben und daher mehr Nervenzellen aufnehmen können. Die Gehirne von Tieren mit geringerer Intelligenz sind oft völlig glatt.

Wissen | Neuronen

Ein Neuron oder eine Nervenzelle ist eine längliche Körperzelle, die bei Menschen und Tieren für die Signalübertragung zuständig ist. Die Nervenzelle besteht aus dem Zellkörper, der zwei verschiedene Zellfortsätze besitzt: Zum einen die kürzeren Dendriten, die in erster Linie Reize aufnehmen, und zum anderen das lange Axon, das die Reizinformation weiterleitet und bis zu einem Meter messen kann. Jedes Neuron funktioniert wie eine kleine Rechenmaschine: Die über die Dendriten aufgenommene Information wird in der Zelle *verrechnet* und das Ergebnis über das Axon weitergeleitet.

Das Menschengehirn ist nicht nur eines der größten in Bezug auf das eigene Körpergewicht; es ist auch eines derjenigen, das auf der Oberfläche am meisten Furchen oder Windungen aufweist. Das ist wichtig, denn die *Neuronen* des Großhirns sind an der Oberfläche angeordnet. Gefurchte Hirne gelten als leistungsfähiger, weil sie mehr Oberfläche aufweisen und damit mehr Nervenzellen unterbringen können. Die Gehirne von Tieren, die weniger Intelligenzleistung besitzen, sind oft vollkommen glatt.

Die Größe eines Gehirns ist aber nicht allein ausschlaggebend: Elefanten haben beispielsweise ein deutlich größeres Gehirn als Menschen, es ist mehr als dreimal so schwer und das schwerste im Tierreich überhaupt. Elefanten sind zwar intelligent, aber sicher nicht die intelligentesten Tiere der Erde. Wie kommt das bei so viel Gehirnmasse? Der Körper eines Elefanten wiegt viel mehr als der eines Menschen. Ein hohes Körpergewicht erfordert mehr Nervenfasern, um die Muskeln zu steuern, denn größere Muskeln enthalten mehr Muskelfasern. Ein großer Teil der Gehirnmasse wird benötigt, um die zusätzliche Last zu tragen. Wir vermuten, dass dies der Grund dafür ist, dass Elefanten trotz ihres großen Gehirns nicht zu den höchsten Hirnleistungen fähig sind.

Bei den Delfinen gibt es dagegen erhebliche Probleme. Es ist nicht das erste Mal, dass diese intelligenten Säugetiere die Wissenschaft vor Fragen stellen, die nicht leicht zu beantworten sind. Ihr Gehirn ist zwar im Verhältnis zu ihrem höheren Körpergewicht etwas kleiner als das des Menschen, dafür aber noch stärker zerfurcht. Im Vergleich zu ihnen fallen selbst uns ähnliche Menschenaffen deutlich ab. Manche Forscher gehen deshalb davon aus, dass Delfine dem Menschen an Intelligenz in nichts nachstehen und zu gleichen geistigen Leistungen fähig sein müssten. Den Spiegeltest bestehen sie jedenfalls mit Bravour.

Haben Delfine ein Bewusstsein? Wir wissen es nicht mit Sicherheit. Aber warum haben Delphine keine technische Evolution durchgemacht, warum benutzen sie keine Werkzeuge, warum halten sie keine Säugetiere in luftgefüllten Terrarien unter Wasser? Die einzig plausible Erklärung: Menschen haben Hände, Delfine nicht. Die menschliche Hand, insbesondere der opponierbare Daumen, der sich so hervorragend zum Greifen eignet, ist der evolutionäre Vorteil des Menschen. Intelligenz allein reicht offenbar nicht aus, sie muss in einer expliziten Beziehung zur Außenwelt stehen.

Die Frage nach Gehirngröße und Bewusstsein mag akademisch klingen, sie ist es aber nicht. Wenn Tiere erst ab einer gewissen Hirngröße so etwas wie Bewusstsein entwickeln, dann liegt der Schluss nahe, dass ein Ich-Bewusstsein eine gewisse Mindestkapazität erfordert und sich dann vielleicht sogar von selbst einstellt. Bewusstsein wäre dann in erster Linie eine Frage der Skalierung, also der **quantitativen Hirnkapazität**. Eine künstliche Intelligenz könnte dann unter Umständen ab einer gewissen Komplexität ohne weiteres Zutun ein Bewusstsein entwickeln. Aus einer schwachen KI würde eine starke KI.

Wenn dem nicht so wäre, wenn also der quantitative Effekt notwendig, aber nicht hinreichend wäre, dann müsste es noch einen weiteren Faktor geben, den wir nicht kennen. Es wäre dann zusätzlich ein, ich nenne es mal, „göttlicher Funke“ notwendig. Ob das so ist?

Wissen | Petabyte

1 Petabyte (PB) sind 1.000.000.000.000.000 (also 10^{15}) Byte.

Die Kapazität eines menschlichen Gehirns ist nicht leicht zu bestimmen, aber der Neurowissenschaftler **Terrence Sejnowski** schätzt zumindest die **Speicherkapazität** auf einen Wert von mehreren Petabyte. Dieser Wert wird durch die weltweite jährliche Speicherproduktion seit etwa 2006 erreicht: Alle Speicherbausteine, die in einem Jahr weltweit hergestellt werden, haben zusammen mindestens die Speicherkapazität eines menschlichen Gehirns. Seit 2011 führen alle Computer der Welt mehr als sechs Billionen (das ist eine Zahl mit zehn Nullen) Rechenschritte pro Sekunde aus, was erstaunlicherweise dem entspricht, was ein einziges menschliches Gehirn pro Sekunde an Nervenimpulsen erzeugt.

Wissen | Terrence J. Sejnowski (* 1947) ist ein amerikanischer Neurowissenschaftler.

Da ist also noch Luft nach oben. Aber wer das **Mooresche Gesetz** kennt, weiß, dass es nur eine Frage der Zeit ist, bis einzelne Großrechner diese Zahlen erreichen. Bis dahin ist die Frage nach einer KI mit Bewusstsein eine rein philosophische. Bleiben wir also zunächst bei der schwachen KI.

Determinismus

Die bisher betrachteten Programme (regelbasierte und fallbasierte Systeme) sind vom Prinzip her streng **deterministisch**. Das heißt, es ist genau definiert, welche Ausgaben erzeugt werden; es gibt keine Abweichungen. Wenn die Regeln sagen, dass ein Auto bei Grün fährt und bei Rot steht, dann wird es das immer tun. Einmal, tausend Mal, eine Million Mal. Es kann nie passieren, dass ein regelbasiertes Fahrzeug bei Rot losfährt.

Das ist sehr angenehm für potenziellen Fahrgäste. Regeln mögen mühsam zu lernen sein, starr in der Anwendung und nicht besonders originell, aber wenn sie funktionieren, dann funktionieren sie. Immer. **Regelbasierte Systeme** haben den großen Vorteil, dass wir sicher sein können, wie sie funktionieren. Das gilt auch für fallbasierte Systeme. Wenn die zugrundeliegende **Datenbasis** unverändert bleibt und die Ähnlichkeitsmaße nicht verändert werden, dann wird auch das Ergebnis immer gleich sein (bei gleicher Datenbasis). Auch fallbasierte Systeme sind also streng deterministisch.

Sind wir Menschen deterministisch? Mal schmeckt uns der Kaffee, mal nicht, mal finden wir Regen romantisch, mal nervt er uns, mal sind wir produktiv, mal können wir zehn Stunden am Schreibtisch sitzen, ohne dass etwas Vernünftiges dabei herauskommt. Kann das die Folge einer komplexen deterministischen Mimik sein? Eher nicht. Der Mensch ist alles andere als eine deterministische Maschine. Wir machen Fehler, sind aber zu Höchstleistungen fähig, zu denen kein Automat fähig ist.

Die Vermutung liegt nahe, dass das eine mit dem anderen zusammenhängt. Kreativ sein heißt, Regeln zu brechen und aus dem Ergebnis zu lernen.

Das wissen auch die Informatiker und haben erkannt, dass eine künstliche Intelligenz lernfähig (und damit nicht deterministisch) sein muss. Sie muss in der Lage sein, die ausgetretenen Pfade ihrer Programmierung zu verlassen.

Zu diesem Zweck wurden „evolutionäre Algorithmen“ geschaffen, die in der Lage sind, ihren eigenen Programmcode anzupassen. Dafür gab es eigene Programmiersprachen wie ***LISP***, die mit einer Vielzahl von Klammern arbeiteten, von denen man immer eine vergaß. Ansätze wie ***SMALLTALK*** versuchten, grundsätzlich auf starre Anweisungen zu verzichten, hier übernahm der Computer selbst die Programmierung. Die Idee war, das Problem so lange zu beschreiben, bis die Maschine eine Lösung finden konnte. *SMALLTALK* war leider nur mäßig erfolgreich. Schade, denn die Arbeit der Programmierer sähe heute anders aus.

Ich habe es geliebt, mit diesen Programmiersprachen zu arbeiten. Sie waren elitär und akademisch, forderten den Intellekt und waren wie geschaffen für eine eingeschworene Gemeinschaft von Leuten, die „versuchten, Computern das Denken beizubringen“. Wir hatten die schönsten Vorstellungen von einer Welt, die wir mit künstlicher Intelligenz verbessern wollten. Das war eine Sackgasse. Wir haben versucht, den Determinismus unserer Programme loszuwerden, ohne die Hoheit über sie aufzugeben. Das ging gründlich schief, und so nahm die Entwicklung einen anderen Verlauf: Neuronale Netze kamen auf und dominieren heute die KI-Welt.

Das biologische Gehirn

Wer schon einmal ein Gehirn in einem anatomischen Museum gesehen oder gar beim Metzger in der Hand gehalten hat, kann sich kaum vorstellen, dass diese gallertartige, fettig glänzende Substanz der Ort unseres Selbst sein soll.

Die Funktion des **Gehirns** ist so unwahrscheinlich, dass der große **Aristoteles** sie nicht zuordnen konnte. Er glaubte, die gallertartige Substanz im Kopf diene als Kühlflüssigkeit für das Herz.

Wissen | Aristoteles (384 v. Chr.–322 v. Chr.) war ein griechischer Universalgelehrter.

Diese Ansicht wurde im Mittelalter von vielen geteilt, obwohl der berühmte Anatom Galen schon früh postulierte, dass das Gehirn der Sitz der Seele sei. Wie er darauf kam, bleibt sein Geheimnis.

Wissen | Galenos von Pergamon (129–210) war ein griechischer Arzt und Anatom.

Kühlflüssigkeit für das Herz – das ist typisch für die Medizin. Sie „denkt" seit jeher mechanistisch. Blutdruckregulation, mechanisch wirkende Gelenke, Windkessel[4] – Funktion der Aorta, das sind alles Ergebnisse einer Sichtweise, die sich bis heute gehalten hat und nur langsam von Vorstellungen der **Genetik**, **Biologie** und **Biochemie** abgelöst wird. Wir können Organe transplantieren, weil wir etwas über die Abwehrkräfte des Körpers wissen. Wir kennen den genetischen Code jeder Zelle und können ansatzweise verstehen, warum bestimmte Medikamente wirken. Aber wir wissen sehr wenig darüber, wie das Gehirn funktioniert. Dafür gibt es Gründe.

Die medizinische **Forschung** beschäftigt sich mit dem komplexesten Ding im Universum (abgesehen vom Universum selbst), dem Menschen. Diese Forschung funktioniert wie folgt: Ein Organ wird zerlegt und seine Bestandteile werden so lange zerlegt und vergrößert beobachtet, bis die Funktion in einer kleinen, funktionierenden Einheit sichtbar wird. Muskeln bestehen aus Muskelfasern, die sich durch elektrische Impulse zusammenziehen. Muskeln sind miteinander gekoppelte Mini-Motoren, die im Verbund Bewegung erzeugen. Eine einzelne Leberzelle kann nur sehr wenig Alkohol abbauen, deshalb arbeiten viele Leberzellen zusammen. Gemeinsam bilden sie die zentrale Chemiefabrik des Körpers.

Dieser Ansatz stößt an seine Grenzen: Zum einen hat kaum ein Organ nur eine Funktion. Der Muskel ist eine Art Motor, aber auch ein Speicherorgan für Zucker. Die Leber baut nicht nur Nahrung ab, sondern produziert auch Hormone. Leberschäden durch Alkohol machen impotent, weil wichtige Sexualhormone oder deren Vorstufen fehlen.

Zum anderen führt die Zerlegung selbst nicht immer zum Erfolg: Was ist eine Nervenzelle? Sie empfängt chemische Signale und leitet sie als elektromagnetische Wellen weiter. 10.000 Nervenzellen können 10.000-mal mehr Signale empfangen und weiterleiten. Bringt uns das weiter? Nein.

4 Windkessel wurden beim Dampfmaschinenbau zum Druckausgleich verwendet.

Ein Gehirn ist mehr als eine Ansammlung von Nervenzellen. Entscheidend für das Verständnis ist nicht die Funktion einer einzelnen Zelle, sondern die Vernetzung aller Zellen untereinander.

Die Programmierung des Gehirns besteht in der Verschaltung der Nervenzellen.

Valentin Braitenberg hat einen schönen Vergleich: Die Struktur und Form von Buchstaben kann noch so genau untersucht werden, sie wird niemals die Schönheit eines Gedichts offenbaren. Dazu ist es notwendig, die Buchstaben in ihrem Zusammenspiel als Text zu interpretieren. Der Sinn eines Textes erschließt sich nicht aus der noch so genauen Betrachtung einzelner Zeichen.

Wissen | Valentino Braitenberg (1926–2011) war ein italienischer Hirnforscher und Kybernetiker.

Unser Bewusstsein verhält sich auch sehr zurückhaltend, wenn es um seine Lokalisation geht. Wenn Sie wissen wollen, welche Muskeln aktiv sind, wenn Sie die Hand zur Faust ballen, werden Sie es relativ schnell herausfinden (die meisten Muskeln dafür befinden sich nicht in der Hand, sondern im Unterarm). Auch die Lage des Herzens wird klar, da Sie den Herzschlag leicht fühlen können. Bei dem Organ, mit dem Sie denken und das der Ort Ihres Bewusstseins ist, ist das nicht möglich. Natürlich wissen (glauben) wir, dass es das Gehirn ist und dass es sich in der oberen Hälfte unseres Kopfes befindet. Aber *woher* wissen wir das? Wir haben es in der Schule gelernt, wir haben es gelesen, aber wir hätten es nie selbst herausgefunden. Der Vorgang des Denkens selbst ist so unauffällig, dass er sich der Selbstwahrnehmung völlig entzieht.

Neuronen

Anatomisch gesehen ist das Gehirn ein faseriges Organ, das hauptsächlich aus **Nervenzellen** (**Neuronen**), Hilfs- und Stützzellen (Gliazellen) und einigen anderen Bestandteilen (mit Hirnflüssigkeit gefüllte Hohlräume, Blutzellen, Gefäße und Hüllen) besteht. Für uns sind hier nur die Neuronen von Bedeutung. Es gibt zwar Hinweise darauf, dass z. B. die Gliazellen mehr als nur Unterstützungsarbeit leisten, aber das ist für uns im Moment ohne Bedeutung.

Neuronen sind längliche Zellen, die an einem Ende einen länglichen Fortsatz haben, das ***Axon***. Das klingt nicht sehr spektakulär, aber Axone können sehr lang werden. Bei Tintenfischen gibt es Neuronen, die so lang sind wie das Tier selbst. Andere Axone messen nur Mikrometer, aber in der Summe ergeben sich gewaltige Gebilde. Würde man alle Axone des menschlichen Gehirns aneinanderreihen, ergäbe sich eine Länge von einer Millionen Kilometern. Die Axone aller Menschen zusammen würden mehr als 100 Lichtjahre weit ins Weltall reichen.

Axone sind gleichmäßig zylindrisch, d. h. sie werden zum Ende hin nicht wesentlich dünner, sondern bleiben in ihrer Dicke konstant. Das ist wichtig, denn nur so können elektrische Felder konstant durch das Axon geleitet werden. Das funktioniert so: Im Zellinneren herrscht ein leichter negativer Ladungsüberschuss, der dadurch aufrechterhalten wird, dass die Zelle aktiv positiv geladene Ionen nach außen transportiert. Reizt man nun die Zellwand über eine Schwelle hinaus durch Berührung, Ladung oder auch chemisch, öffnen sich Kanäle, die positive Ladungen ins Innere lassen, und es kommt zu einer lokalen Umkehrung der elektrischen Situation: vorher innen negativ, jetzt innen positiv. Diese Umkehrung regt benachbarte Bereiche an, ihre Ladung ebenfalls umzukehren, so dass sich diese Welle über das gesamte Axon ausbreitet: Ein **Aktionspotenzial** fließt.

Der letzte Abschnitt ist so etwas wie die Kurzfassung eines Kapitels der **Physiologie**, an das sich viele Medizinstudenten nur mit Schrecken erinnern. Sie müssen genau lernen, welche geladenen Ionen zu einem bestimmten Zeitpunkt während eines Reizes ausgetauscht werden. Das ist wichtig für die Wirkungsweise vieler Medikamente, aber für uns reicht die einfache Version. Wir sollten uns nur merken, dass an einem Axon durch eine bestimmte Reizintensität eine Informationsübertragung ausgelöst werden kann, die ohne Abschwächung die gesamte Länge durchläuft.

Bei einer elektrischen Leitung, wie sie in Computern vorkommt, ist das anders: Durch den inneren Widerstand des leitenden Metalls werden die Signale mit zunehmender Übertragungsstrecke immer schwächer, bis sie nicht mehr ausgewertet werden können. Es gibt eine natürliche Grenze der Leitungslänge in Computern, die den Ingenieuren schon heute Kopfzerbrechen bereitet. Reize an Axonen reichen bis ans Ende der Welt, ohne schwächer zu werden. Diesen scheinbaren Vorteil gibt es nicht zum Nulltarif. Die Reizweiterleitung in einem Axon benötigt Energie, denn das Ladungsgleichgewicht muss anschließend wieder hergestellt werden. Totes Kupfer leitet Strom, tote Nervenzellen leiten keine Reize mehr.

Am anderen Ende einer Nervenzelle befinden sich kürzere, spitz zulaufende Fortsätze, die ***Dendriten***. Diese besitzen nicht die gleiche Leitungsqualität wie die Axone. Die Weiterleitung erfolgt rein physikalisch, was aber nicht weiter ins Gewicht fällt, da sie viel kürzer sind. Dendriten heften sich mit ihren Enden an die Axone anderer Neuronen und bilden so ein komplexes Netzwerk. Die Reizübertragung erfolgt über chemische Stoffe, die ***Neurotransmitter***. Ihre Funktion ist entscheidend für fast alle neurologisch und psychiatrisch wirksamen Medikamente, auf die wir nicht weiter eingehen müssen.

Ein am Axon einer Nervenzelle ankommender Reiz wird von Dendriten einer anderen Nervenzelle aufgenommen und in den Zellkörper geleitet. Dort werden die Signale miteinander verrechnet. Es gibt Dendriten, die den Impuls abschwächen und solche, die ihn verstärken. Auch die Verrechnung mehrerer Reize mehrerer Dendriten (Addition oder Multiplikation) ist möglich. Der verrechnete Reizimpuls wird dann wieder durch das Axon geschickt. Ein Neuron ist also ein sehr kleiner und sehr spezieller Computer mit mehreren Eingängen und einem oder mehreren Ausgängen (es gibt auch Axon-Verzweigungen).

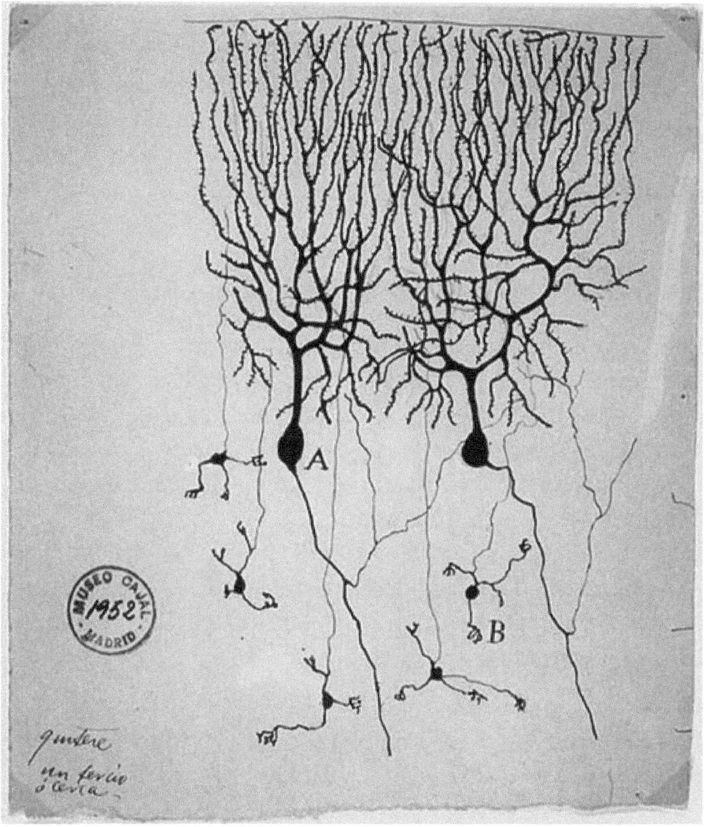

Abb. 3: Neuronen aus dem Kleinhirn einer Taube, gezeichnet 1899 vom Anatomen Santiago Ramón y Cajal

Nur Bits?

In unseren digitalen Computern kann eine Leitung pro Zeiteinheit nur ein ***Bit*** (kleinste denkbare Informationsmenge) übertragen, also Strom an oder Strom aus oder 0 und 1, wenn Sie so wollen. Bei Neuronen ist das anders. Zwar ist ein weitergeleitetes **Aktionspotenzial** im Prinzip auch nur ein Bit, aber Nervenzellen senden selten nur ein einziges Signal. Vielmehr wird ein stärkeres Signal dadurch erzeugt, dass viele Potenziale hintereinander weitergeleitet werden („Feuern" der Nervenzellen). Bei der technischen Ableitung mit Hilfe eines Verstärkers und eines Oszilloskops erscheinen diese als mehrere kurz aufeinander folgende Spitzen. Diese mehrfachen Signale entsprechen einem stärkeren Reiz. Nervenzellen können also nicht nur ein einzelnes Bit übertragen, sondern signalisieren über die Anzahl der Spikes noch deren relative Stärke. Unser Gehirn arbeitet also nicht digital, sondern mischt dem digitalen Signal noch einen analogen Vektor bei. Das ist eine sehr raffinierte Lösung.

Wie ein Gehirn programmiert wird

Es gibt einfache Lebewesen, deren Nervenstruktur vollständig durch ihr Erbgut festgelegt ist. Einige Meeresschnecken sind so aufgebaut, und die Verbindungen zwischen Dendriten und Axonen sind bei allen Vertretern dieser Gattungen gleich. Es ist sogar möglich, solche Tiere im Computer zu simulieren. Die digitalen Kopien verhalten sich dann genau so wie die entsprechenden biologischen Vertreter.

Bei höheren Tieren und erst recht beim Menschen ist das unmöglich, und das lässt sich ganz einfach zeigen. Ich rechne das beispielhaft durch, aber es wird leider etwas mathematisch. Wem das nicht gefällt, der kann einfach zum nächsten Abschnitt übergehen.

Beispiel | Berechnung der Komplexität nervaler Verknüpfungen im Gehirn

Unsere **Erbsubstanz**, die in jeder Körperzelle als **Desoxiribonukleinsäure (DNA)** vorliegt, ist ca. 15 Meter lang und enthält ca. 3×10^9 kodierende Einheiten (Basentriplets). Da jede Einheit eine von 4 Möglichkeiten kodieren kann (die Basen Guanin, Cytosin, Adenin und Thymin), ist die Informationsmenge genau 2^2 Bit, also 4 Bit. Die menschliche DNA speichert damit eine Informationsmenge von ungefähr 10^{10} Bit:

$$4 \text{ Bit} \times 3 \times 10^9 = 1{,}2 \times 10^{10} \text{ Bit (entspricht ca. 1,5 GB)}$$

Das erscheint zunächst einmal als gewaltige Menge, wenn man bedenkt, dass ein Buch wie die Bibel nur 5 MB, also 40.000.000 Bit oder 4×10^7 Bits, also weniger als ein Hundertstel enthält. Die menschliche Erbsubstanz würde, wenn sie ausgedruckt werden würde, mehr als 100 Bücher von der Dicke der Bibel ergeben. Das **Human Genome Projekt**, das

2003 zum ersten Mal das komplette Erbgut des Menschen ausgelesen hat, hat genau das gemacht, nämlich die Information der DNA in Buchform ausgedruckt. Es entstanden 109 Bücher, die noch bequem in ein normales Bücherregal passen. Unsere Schätzung stimmt also ziemlich genau. Diese 109 Bücher enthalten den kompletten Bauplan für einen Menschen.

Nehmen wir an, wir hätten die kompletten $1{,}2 \times 10^{10}$ Bits dafür übrig, die Verknüpfungen der Neuronen im Gehirn zu speichern. Wie weit kämen wir damit? Unser Gehirn enthält ungefähr 100.000.000.000 Nervenzellen, also 10^{11} Stück. Gehen wir der Einfachheit halber davon aus, dass jedes Neuron nur 2 Dendriten hat und es keinerlei Verzweigungen von Axonen gibt. Das ist natürlich hoffnungslos untertrieben, aber für eine erste Schätzung ausreichend. Wir müssten für jede Nervenzelle angeben, an welche andere Nervenzelle (bzw. deren Axon) sich seine Dendriten anheften.

Nummerieren wir die 100 Milliarden Neuronen einfach durch, so benötigen wir für die Nummerierung einer Zelle 36 Bit. Für die beiden anderen Neuronen, an die sich die beiden Dendriten anheften, benötigen wir auch jeweils 36 Bit für deren Nummer, also insgesamt:

36 Bit + 36 Bit + 36 Bit = 108 Bit.

Das runden wir auf 100 Bit ab. Die Verknüpfung jeder Nervenzelle, die zwei Dendriten besitzt, wäre mit einem solchen Duplett von 100 Bit Länge in ihren Verknüpfungen vollständig beschrieben. Damit ist nicht gesagt, wie lange die Axone sein müssen, damit die Dendriten es erreichen können noch, wie die Dendriten die für sie vorgesehenen Axone überhaupt finden sollen. Wir haben zudem außer Acht gelassen, wie die Signale eigentlich verrechnet werden sollen. Aber es wäre zumindest festgelegt, an welche Axone die Dendriten ankoppeln müssten. Wie viele **Neuronenverschaltungen** könnten wir dann mit der DNA speichern? Speichermenge der DNA geteilt durch 100 Bit, also:

$1{,}2 \times 1010$ Bit / 100 Bit = $1{,}2 \times 10^{8}$

Wir könnten also nur die Verknüpfungen von etwas mehr als 10^{8} Neuronen von insgesamt 10^{11} speichern, was gerade mal ein *Tausendstel* ist.

Nun könnte es aber sein, dass unsere „Programmierung“ nicht besonders effizient ist, weil die Natur lange genug Zeit hatte, sich etwas Besseres

auszudenken. So könnte es sein, dass nur unmittelbar benachbarte Neuronen programmiert werden, was die Bit-Länge der Nummerierung enorm verkürzen könnte.
Auf der Gegenseite der Rechnung steht, dass wir die Verrechnung in den Neuronen nicht berücksichtigt haben und auch davon ausgegangen sind, dass ein Neuron nur zwei Dendriten hat, was hoffnungslos untertrieben ist. Außerdem hätten wir die gesamte DNA mit unserem Code „vollgeschrieben". Sie wird aber vor allem für die Vererbung von körperlichen Merkmalen benötigt.

Abb. 4: Das menschliche Erbgut in Buchform, erstellt vom Human Genome Project

Sind Sie wieder da? Haben Sie sich sogar durch die Mathematik des vorigen Abschnitts gekämpft? Wenn nicht, ist das nicht weiter tragisch. Denn das Ergebnis lässt sich einfach zusammenfassen: Die Verschaltung unserer Gehirn-Nervenzellen untereinander kann nicht vollständig auf der menschlichen **Erbsubstanz** gespeichert werden, allenfalls ein sehr kleiner Bruchteil davon. Das ist schon wegen der Menge der Information nicht möglich. Zwar sind einige sehr primitive und essentielle Hirnfunktionen (Atmung, Augenbewegung, Teile der Verdauung) in der **DNA** vorprogrammiert. Aber der größte Teil unserer Hirnfunktionen, vor allem die höheren kognitiven Fähigkeiten, sind nicht festgelegt.

Vieles spricht dafür, dass sich die **Neuronen** in ihrem Entstehungszustand einfach zufällig miteinander verbinden und dass auch die Rechenfunktionen der Nervenzellen zunächst zufällig angelegt sind. Die Verschaltung der Nervenzellen kann also nicht vererbt werden. Das heißt, das Gehirn eines Embryos ist nicht oder nicht vollständig programmiert. Es muss sich selbst programmieren.

Lebenslanges Lernen

Wie wird ein neugeborenes Gehirn dann zu dem funktionsfähigen Denkapparat, den wir alle nutzen? Die Antwort kann nur sein: So ein Gehirn funktioniert zunächst nur zufällig, das heißt, es wird mit seinen Planungen und Entscheidungen viel öfter falschliegen als richtig. Allerdings fängt es dann an, die **Verknüpfungen** der Neuronen und die Verrechnungen so lange zu korrigieren, bis die internen Abläufe der Realität gleichen. Das kann man auch einfacher formulieren: Ein neu geborenes Gehirn lernt von seiner Umgebung. Es wird auch nie aufhören zu lernen.

Jede Entscheidung eines biologischen Hirns beruht auf **neuronalen Anpassungsvorgängen**, die aufgrund früherer Situationen gelernt wurden. Haben sich die äußeren Umstände geändert, so wird ein Gehirn ganz leicht wieder falsche Entscheidungen treffen, allerdings nur ein paar Male, nämlich nur so lange, bis die neue Situation wieder lernend integriert werden kann.

Raymond Kurzweil hat es einmal so erklärt: Einfache Tiere haben festgelegte (deterministische) Verhaltensweisen, sie reagieren in gleichen Situationen immer gleich. Dann kamen die Säugetiere und entwickelten den Neokortex (den neuen Teil des Gehirns mit den Furchen). Da dieses zusätzliche Gehirn nicht „vorprogrammiert" ist, sondern ständig dazu lernt, konnten die Säugetiere plötzlich situationsabhängig reagieren.

Wissen | Raymond Kurzweil (*1948) ist ein amerikanischer Erfinder, Transhumanist und war Leiter der technischen Entwicklung bei Google.

Wird ein Igel von einer großen Eidechse verfolgt, wird diese immer den direkten Angriffsweg wählen. Der Igel hat aber je nach Situation die Möglichkeit, entweder wie bisher zu fliehen oder sich in ein Loch zu verkriechen, in das die Echse nicht hineinkommt. Gelingt die Flucht ins Loch, lernt der Neokortex des Igels diese Möglichkeit und wird sie in Zukunft häufiger anwenden. Dieser Vorteil ist so groß, dass die Großhirnrinde der Tiere im Laufe der Evolution bis heute immer größer geworden ist.

Die „Nichtprogrammierung" des **Neokortex** erweist sich also nicht als Nachteil, sondern als enormer Vorteil. Immer wenn es etwas zu lernen gibt, werden zunächst chemische Prozesse aktiviert (Kurzzeitgedächtnis). Wiederholt sich die Lernsituation, entstehen neue neuronale Verknüpfungen (Langzeitgedächtnis).

Dies ist in seinen Grundzügen bereits seit 1949 bekannt. **Dinald Hebb** stellte damals die ***Hebb'sche Lernregel*** auf: Wenn ein Axon einer Nervenzelle immer wieder von Dendriten einer anderen Nervenzelle aktiviert wird, dann werden Wachstums- und Veränderungsprozesse in Gang gesetzt, die Verbindung wird intensiviert. Er selbst drückte es so aus: „What fires together, wires together." 1970 gelang der direkte Nachweis dieser anatomischen Veränderung bei Lernvorgängen. Diese neurologische Plastizität ist heute als biologische Grundlage des Lernens allgemein anerkannt.

Wissen | Dinald Olding Hebb (1904–1985) war kanadischer Psychobiologe.

Das Gehirn ist also ein mehr oder weniger zufällig zusammengewürfelter Haufen von **Neuronen**, die willkürlich miteinander verbunden sind und deren Verbindungen sich erst im Laufe des Lebens so verändern, dass daraus ein funktionierendes Ganzes wird. Das klingt ziemlich fantastisch, und die Frage ist: Kann das funktionieren?

Offensichtlich ja. Den Beweis haben wir in der Hand, denn auch unsere neueren KI-Systeme funktionieren nach demselben Prinzip. Das ist eine ***kybernetische Erkenntnis***: Der Aufbau des biologischen Gehirns stand Pate für künstliche neuronale Netze, die uns heute helfen zu verstehen, wie das Gehirn funktioniert.

Künstliche neuronale Netzwerke

Künstliche Neuronale Netze (KNN) sind der Versuch, den Aufbau und die Funktionsweise eines biologischen Gehirns mit technischen Mitteln auf einem Computer zu simulieren, um damit **KI-Systeme** zu realisieren. Die Geschichte ist nicht besonders neu: **Warren McCulloch** und **Walter Pitts** schlugen bereits 1942 ein solches Verfahren vor. Sie entwarfen ein theoretisches Modell eines Neurons mit mehreren Eingängen und einem Ausgang. Die Eingänge entsprechen den Dendriten, der Ausgang dem Axon. Wie beim biologischen Vorbild werden auch beim künstlichen Neuron die Eingänge intern über eine Funktion miteinander verrechnet.

Wissen | Warren McCulloch (1898–1969) war amerikanischer Neurophysiologe und Walter Pitts (1923–1969) war amerikanischer Logiker.

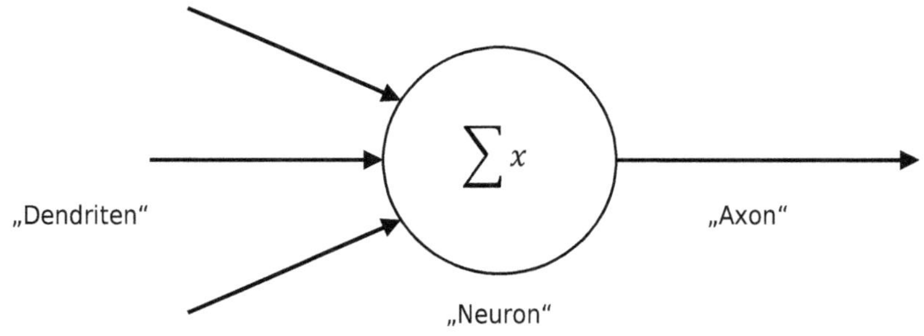

Abb. 5: Künstliche Nervenzelle

Marvin Minsky baute damit 1951 einen ersten **Neurocomputer**, den er ***SNARC*** (Stochastic Neural Analog Reinforcement Calculator) nannte.

Wissen | Marvin Minsky (1927–2016) war amerikanischer KI-Forscher.

SNARC und seine unmittelbaren Nachfolger haben folgende Eigenschaften:

- Die künstlichen Neuronen sind logisch in Schichten angeordnet, wobei jede Schicht eine bestimmte Anzahl von Neuronen enthält.

- Die erste Schicht wird als Eingangsschicht bezeichnet, die letzte als Ausgangsschicht; dazwischen liegen eine oder mehrere Verarbeitungsschichten.
- Neuronen einer Schicht sind immer nur mit Neuronen der nächsten Schicht verbunden.
- Den Verbindungen sind Variablen zugeordnet, die häufig als „Gewichte“ bezeichnet werden.
- Der Wert eines Neurons ergibt sich im einfachsten Fall aus der Summe der eingehenden Werte multipliziert mit seinen Gewichten.
- Werden den Neuronen der Eingangsschicht Werte zugewiesen, so ergeben sich die Werte aller anderen Neuronen bis zur Ausgangsschicht durch einfache Verrechnung.

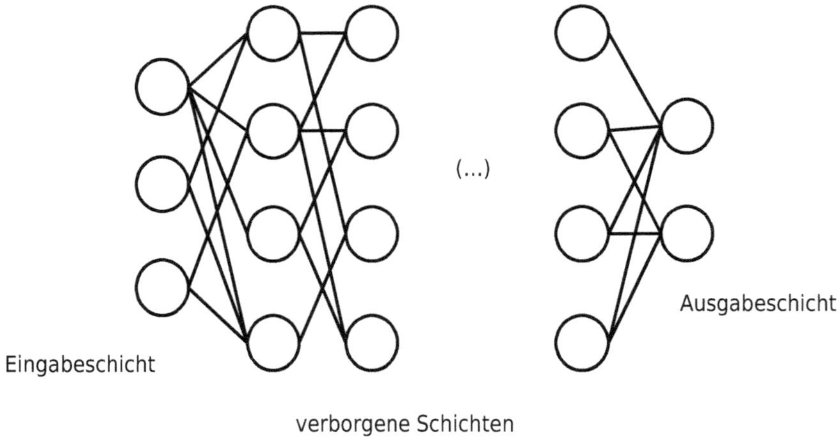

Abb. 6: Künstliches neuronales Netzwerk. Aus Kapazitätsgründen wird nicht jedes Neuron einer Schicht mit allen anderen Neuronen der nächsten Schicht verbunden

So etwas kann man heute mit jedem Tabellenkalkulationsprogramm machen. ***SNARC*** hatte aber schon die Besonderheit, dass die Gewichte dynamisch verändert werden konnten. Mit dieser Veränderung kann das Ergebnis beeinflusst werden, und damit ist *SNARC* bereits ***lernfähig***.

Es ist erstaunlich, wie früh die Informatik damit eine recht gute Simulation des biologischen Gehirns in der Hand hatte. Aber die Technologie war einfach nicht weit genug, um **KNNs** so groß zu machen, dass man damit etwas Sinnvolles anfangen konnte. *SNARC* war nie wirklich einsatzfähig, dient aber bis heute als Matrix für alle KNNs.

Dann kamen die Theoretiker und fragten sich, wie viele Schichten notwendig sind, damit ein KNN funktioniert. Leider ist die Antwort, dass theoretisch eine einzige Verarbeitungsschicht (ergänzt durch eine Ausgabeschicht) genügt. Das **Perzeptron** war geboren.

Das Perzeptron

Perzeptrons haben den Vorteil, dass Lernregeln relativ einfach definiert werden können. Das geht etwa so:

- Zunächst wird ein Netzwerk mit allen Verbindungen aufgebaut; die Gewichte werden zufällig gewählt.
- Wenn der Wert eines Neurons der Ausgangsschicht passt, werden die Gewichte der Verbindungen, die zu diesem Neuron führen, beibehalten.
- Wenn der Wert zu niedrig ist, werden die Gewichte erhöht (dekrementiert).
- Wenn der Wert zu hoch ist, werden die Gewichte verringert, wobei auch negative Gewichte erlaubt sind (inkrementiert).

Perzeptrons reichen theoretisch für alle Probleme aus, die mit einem **KNN** gelöst werden können. Aber ist das auch sinnvoll? Diese Netzwerke mit nur drei Schichten (Input-, Verarbeitungs- und Output-Schicht) haben nämlich die Einschränkung, dass sie ein mehr oder weniger geschicktes Prefeed und handverlesene Trainingsdaten benötigen, um schnell zu korrekten Ergebnissen zu kommen. Andernfalls funktionieren sie nicht richtig.

Wissen | Seymour Papert (1928–2016) war amerikanischer Mathematiker und Psychologe.

Minsky und **Papert** haben dies 1969 erkannt und damit eine heftige Debatte ausgelöst. Sie hatten mathematisch bewiesen, dass voraussetzungslose **Perzeptronen** mit einfachen Lernregeln nicht in jedem Fall richtige Ergebnisse liefern. Damit war eine Teilmenge der **KNNs** (die Perzeptrons) für alle weiteren Versuche dieser Art ausgeschlossen. Forschende und –

mindestens ebenso wichtig – Forschungsförderer verloren das Interesse. Die Entwicklung ruhte für fast 40 Jahre.

Tiefe neuronale Netzwerke

Ende der 1990er-Jahre war die Zeit reif für einen neuen Ansatz: Einige Forschergruppen erzielten mit KNNs unerwartete Erfolge in der technischen Mustererkennung. Dies ist eine große Herausforderung bei industriellen Prozessen, bei denen **Roboter** zum Einsatz kommen. Wenn eine solche Maschine zum Beispiel Muttern auf Schrauben aufschrauben soll, liegen die Muttern normalerweise nicht ordentlich aufgereiht bereit. Das kann jeder nachvollziehen, der schon einmal in einem großen schwedischen Möbelhaus ein Regal aufgebaut hat und den Inhalt mit den Schrauben und Kleinteilen vor sich auf dem Boden liegen hatte. Es ist gar nicht so einfach, die passenden Teile zu finden. Oft muss man wühlen, um dem Gehirn die Zuordnungsarbeit zu erleichtern. Durch das Wühlen liegen die Teile anders, was das Erkennen erleichtert. Auch die Computer, die die Roboter steuern, müssen aus den Bildern der Videokameras die Lage und Ausrichtung der benötigten Muttern richtig einschätzen, damit der Greifvorgang gelingt.

Wissen | Oleksij Iwachnenko (1913–2007) war ukrainischer Mathematiker und Karl Steinbuch (1917–2005) war deutscher Kybernetiker.

Iwachenko und **Steinbuch**, um nur zwei Namen zu nennen, gehörten zu den ersten, die das Problem mit tiefen neuronalen Netzwerken (*Deep Neuronal Networks*, DNNs) lösten. **DNNs** verwenden nicht nur eine oder einige wenige verborgene Schichten, sondern sehr viele, im Extremfall mehrere hundert. Das ist die wesentliche Innovation, und man fragt sich, warum niemand früher darauf gekommen ist.

Grenzen der Erklärbarkeit

Neuronale Netze sind als lernfähige und datengetriebene Systeme ***nicht deterministisch***. Bei einem Expertensystem weiß man, warum das System eine bestimmte Antwort gibt, weil das entweder von den Regeln oder von Vergleichsfällen abhängt. Ich habe sogar gelernt, dass für ein vernünftiges

Expertensystem eine solche Erklärungskomponente unerlässlich ist. Das wurde als essentiell angesehen, weil man damit sehen konnte, ob ein System gut funktioniert und nicht nur Zufallstreffer liefert.

Neuronale Netze bieten diesen Komfort nicht. Es gibt einen eigenen Zweig der Informatik, der versucht, durch Verfolgen der gewichteten Trajektorien im Netzwerk eines **KNN** herauszufinden, warum ein System ein bestimmtes Ergebnis erzielt und ein anderes nicht. Aber das ist mühsam. Außerdem kann sich beim nächsten Lernzyklus alles wieder ändern. Man kann nicht zweimal in denselben Fluss springen: Auch ein selbstlernendes KNN verändert sich ständig und passt seine Gewichte immer wieder neu an.

Deshalb ist man nie ganz sicher, welche Entscheidung es als Nächstes treffen wird. Zwar kommt es beim Lernen häufig zu Einschwing-Effekten, das heißt, nach manchmal wenigen, manchmal aber auch sehr vielen Lernzyklen neigen diese Systeme nicht mehr zu großen Veränderungen. Es ist aber nicht vorhersagbar, ob es dann unerwartet doch wieder zu größeren Veränderungen kommt.

Abhilfe kann nur geschaffen werden, indem dem KNN die Lernfähigkeit entzogen wird. Dies kann sinnvoll sein, da „ausgelernte" (fertig trainierte) Netzwerke hardwaremäßig wesentlich weniger anspruchsvoll sind. So ist es möglich, eine „eingefrorene" Version von **ChatGPT** auf einem sehr kleinen Computer zu implementieren. Einige Firmen bieten bereits eine solche „KI in a box" an. Diese **KI-Systeme** lernen zwar nicht mehr dazu, sind aber dennoch leistungsfähig. Die meiste Rechenleistung wird sowieso für das Lernen benötigt, die Laufzeit eines nicht mehr lernenden DNNs hängt zwar von der Anzahl der Neuronen ab, aber nur linear. Damit kommen auch große Netze in akzeptabler Zeit zu einem Ergebnis.

Macht das Netzwerk, was es soll?

In der US-Armee sollten selbstlernende Systeme eingesetzt werden, um getarnte feindliche Panzer zu erkennen. Ein Programm wurde mit 50 Fotos von Panzern und 50 Fotos von Bäumen ohne Panzer trainiert. Tatsächlich lagen 200 Fotos vor, 100 mit und 100 ohne Panzer. Nach dem Training wurde das Programm mit den restlichen Fotos getestet: Alle Fotos mit Panzern wurden korrekt klassifiziert, auch alle Fotos ohne Panzer. Offensichtlich war das Programm in der Lage, die gestellte Aufgabe zu erfüllen, obwohl nur wenige Trainingsdaten verwendet wurden.

Leider beschwerte sich der Kunde kurz nach der Freigabe, dass das System die feindlichen Panzer nur mit einer sehr geringen Rate „erkannte". Sie lag bei nur 50 Prozent, man hätte also genauso gut würfeln können. Was war passiert? Zufällig wurden alle Panzerbilder bei sonnigem Wetter aufgenommen, alle anderen bei bewölktem Wetter. Das Programm hatte gelernt, sonniges Wetter von bewölktem Wetter zu unterscheiden, und es war bemerkenswert gut darin.

Offensichtlich hat das Netz eine Aufgabe gelöst, aber nicht die, die man von ihm erwartet hatte. Wir müssen uns damit abfinden, dass der Weg, auf dem ein **KNN** zu einem Ergebnis kommt, für uns nur schwer oder gar nicht nachvollziehbar ist. Es gibt aber interessante Untersuchungen darüber, wie ein solches Netzwerk „denkt".

Ein DNN für die Bildverarbeitung arbeitet beispielsweise nicht mit einer einzelnen Reihe von Bildpunkten, sondern

mit zweidimensionalen Feldern, die den Pixeln eines digitalen Fotos entsprechen. Die Eingabe-Ebene enthält dann das Originalbild, gefolgt von den Verarbeitungsebenen, bis das Netz mit der Ausgabe-Ebene endet. Ein DNN, das Bilder von Hunden und Katzen unterscheidet, hätte also zwei Ausgabe-Neuronen, eines für „Katze" und eines für „Hund".

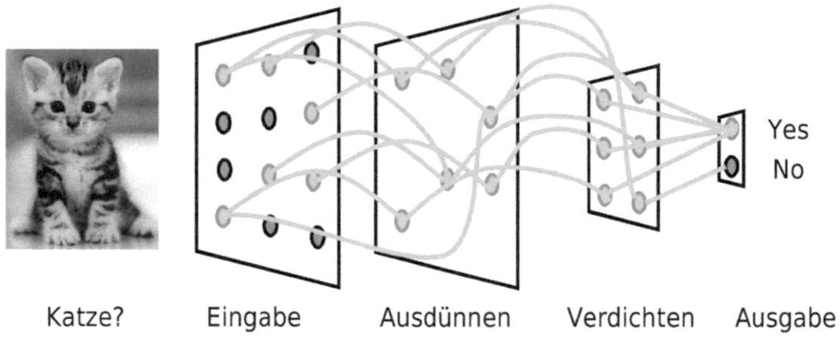

Abb. 7: Zweidimensionales Netzwerk

Zum Beispiel würde eine vierschichtige **Netzwerkarchitektur**, wie in der Abbildung dargestellt, das Eingabebild zunächst ausdünnen und dann verdichten, bevor es zur Ausgabe gelangt, was ein Standardverfahren für derartige Aufgaben ist. Reale Netzwerke haben viel mehr Neuronen und Schichten, und in der Abbildung fehlen auch die Gewichte, aber das Prinzip sollte klar sein.

Man kann auch sehen, dass ein Ergebnis nicht völlig eindeutig sein muss: Fünf Neuronen stimmen für „Katze", eines für „Hund". Dies ist in den allermeisten Fällen so und hat den Vorteil, dass es relativ einfach ist, die Wahrscheinlichkeit des Eintretens der Antwort anzugeben. Je größer die Mehrheit, desto eindeutiger hat das Netz entschieden.

Die Eingabeschicht entspricht dem Bild, das dem Netz zur Prüfung vorgelegt wird. Ein Bild mit 640 x 480 Pixeln wird auf eine Eingabeschicht mit 307.200 Neuronen abgebildet, wobei der Helligkeitswert jedes Pixels dem Eingabewert des zugehörigen Neurons entspricht[5]. Würden wir die Eingabeschicht als Bild ausgeben, wäre das Bild identisch mit dem Eingabebild, was natürlich keinen Sinn macht.

Durch die zweidimensionale Anordnung der **Neuronen** können wir auch die anderen Schichten „sehen" und dem Netz so beim „Denken" zusehen. Fazit: In der ersten Verarbeitungsebene entsteht der Eindruck, dass ein trainiertes Netz häufig die Konturen des Bildes extrahiert.

Was dann in den weiteren Schichten folgt, entzieht sich oft der Interpretation, es sind nur noch seltsam abgegrenzte Ausschnitte zu erkennen, das ursprüngliche Bild verschwindet. Trotzdem kommt das Netz zu einem richtigen Ergebnis. Auf welche Weise? Wir wissen es nicht genau. Das ist aber auch nicht verwunderlich, denn wir wissen auch nicht, wie unser biologisches Gehirn Hunde und Katzen erkennt. Es gibt Hinweise (Ohrenform, Schnauze, Größe usw.), aber das kann nicht alles sein. Wie erkennen wir zum Beispiel, wenn eine Katze eine Hundemaske trägt?

Es gibt einen sehr interessanten wissenschaftlichen Artikel[6], der sehr anschaulich die inneren Zusammenhänge eines DNN aufzeigt. Fünf Wissenschaftler um **Anh NGuyen** haben ein neuronales Netz („Erkennungs-DNN") verwendet, um Bilder zu erkennen. Wie bereits angedeutet, arbeitet ein solches Programm nicht mit eindeutigen Aussagen, sondern mit Wahrscheinlichkeiten. Das Ergebnis könnte so aussehen:

- 76 % Wahrscheinlichkeit: Kaffeetasse
- 20 % Wahrscheinlichkeit: Teetasse
- 4 % Wahrscheinlichkeit: Blumenvase

---

5 Das wäre eine Schwarz-Weiß-Wiedergabe, bei Farbe ist es ein wenig aufwendiger.

6 Nguyen A et al. (2016) „Synthesizing the preferred inputs for neurons in neural networks via deep generator networks" 30th Conference on Neural Information Processing Systems (NIPS 2016), Barcelona, Spain.

Die Forscher bauten nun ein weiteres **DNN**, das dem Erkennungs-DNN Bilder zeigt und die Erkennungsrate registriert („Präsentations-DNN"). Das Präsentations-DNN passt dann die Bilder so lange an, bis das Erkennungs-DNN die maximale Erkennungsrate erreicht hat.

Die Eingabebilder werden also Pixel für Pixel zufällig und unvorhersehbar verändert. Eine Änderung wird beibehalten, wenn die Klassifikation besser ist als die des vorherigen Bildes, bevor der nächste Zyklus beginnt. Es gibt Sackgassen, so dass der Prozess häufiger wiederholt werden muss, aber am Ende liegen Bilder vor, die alle mit einer sehr hohen Wahrscheinlichkeit erkannt wurden.

Die Bilder mit den höchsten Erkennungsraten sind verblüffend, obwohl sie mit der Realität nicht mehr viel zu tun haben. Erstaunlich ist, dass viele Menschen sofort erkennen, was gemeint ist. Funktioniert unser Gehirn also zumindest so? Machen Sie den Test. Sehen Sie sich das folgende Bild an. Was zeigt es?

Abb. 8: Von einer KI auf maximale Bilderkennung optimiertes Bild

Wenn Sie hier wie ich einen Flugzeugträger erkennen, dann liegen Sie richtig.

Wie ein KNN gebaut wird

Die Erstellung eines **KNN** ist zwar nicht trivial, aber auch nicht so kompliziert, dass sie nicht nachvollziehbar wäre. Während eine „normale" **Programmierung** sehr aufwendig sein kann und es teilweise extrem schwierig ist, die Algorithmen nachzuvollziehen, muss hier „nur" ein Gerüst aus Neuronen erstellt werden, da die „Programmierung" der Gewichte durch Lernen erfolgt. Es gibt auch fertige Frameworks wie *Tensorflow* von Google. Das sind fertige Vorlagen, die von der Programmiererin nur noch sinnvoll miteinander verknüpft werden müssen.

Aus Komplexitätsgründen sind nicht alle **Neuronen** einer Schicht mit allen Neuronen der nächsten Schicht verbunden. Wie die einzelnen Neuronen konkret miteinander verknüpft werden, dafür gibt es etablierte Modelle (z. B. für Bilderkennung, Satzbildung etc.), die meist verwendet werden. Diese Modelle werden laufend weiterentwickelt. Neue Verknüpfungen kann ein solches Netzwerk bisher nicht bilden, hier haben biologische Gehirne einen klaren Vorteil.

KNNs sind also nicht primär von **Algorithmen** abhängig. Viel wichtiger als ausgefeilte Architekturkonzepte scheint es zu sein, dass neben großen Datensätzen auch ausreichend leistungsfähige Hardware für den Lernprozess zur Verfügung steht.

Technisch gesehen besteht der Lernprozess in der Anwendung komplexer Operationen auf Zahlenwerte. Da dabei viel klassische Rechenarbeit anfällt, hat sich der Einsatz von Grafikkarten bewährt. Diese wurden eigentlich zur Beschleunigung der Bildschirmausgabe entwickelt, eignen sich aber auch hervorragend zum Training von KNNs. Im Jahr 2023 kam es zu regelrechten Engpässen; die Aktienkurse großer Grafikkartenhersteller wie Nvidia(C) stiegen auf Rekordhöhen.

Ein wesentlicher Engpass beim Aufbau moderner **KI-Netzwerke** ist die Bereitstellung möglichst leistungsfähiger **Hardware**. Das hat Folgen: Konnten Universitäten und öffentliche Einrichtungen bei innovativen IT-Projekten bisher gut mithalten, ist künftig viel Kaufkraft erforderlich, um die notwendige und teure Hardware zu beschaffen.

Damit verschiebt sich der Schwerpunkt hin zu finanzstarken, multinational agierenden Unternehmen. Es wird notwendig sein, nationale und internationale Kräfte zu bündeln, um ein (notwendiges) Gegengewicht aufbauen zu können. Die Informatik wird zu einem investitionsintensiven Unterfangen, wie es Physik und Biologie bereits sind.

Wie ein Netzwerk optimiert wird

Ist die **DNN** einmal erstellt, muss sie trainiert werden. Bleiben wir beim Beispiel der Bilderkennung: Ein Bild mit einer Kaffeetasse soll diese mit möglichst hoher Wahrscheinlichkeit erkennen. Bei neu erstellten DNNs werden die Gewichte der Verbindungen zunächst mit Zufallswerten gefüllt. Das bedeutet, dass ein neuronaler Knoten seinen Wert multipliziert mit einer Zufallsvariablen (dem Gewicht) an ein anderes Neuron weitergibt.

Ein solches Netz hat zunächst nur eine zufällige, also geringe Erkennungsrate. Um die Erkennungswahrscheinlichkeit beim Training mit klassifizierten Daten (in unserem Fall Bilder mit Beschriftung) zu verbessern, wird häufig das **Gradientenverfahren** verwendet (es gibt auch andere Verfahren, auf die ich hier nicht eingehe). Dies ist eine rein mathematische Operation. Nehmen wir an, unser Netz erkennt die Kaffeetasse mit einer Wahrscheinlichkeit von 40 %, wir ändern eine Gewichtung und die Erkennung sinkt auf 37 %. Dann ist klar, dass diese Änderung nicht zum Ziel führt; sie wird rückgängig gemacht. Umgekehrt wird sie beibehalten, wenn sich die Erkennung verbessert.

Etwas formeller: Das Training des Netzes folgt einer Kurve, die ein lokales Maximum der Erkennungswahrscheinlichkeit hat. Je nach aktueller Steigung folgt man der Kurve in die eine oder andere Richtung. Da ein solches Netz aber sehr viele Neuronen hat, findet die Berechnung in einem mehrdimensionalen Raum statt. Die Praxis ist daher etwas komplexer.

Die Schwierigkeit bei der **Gradientenmethode** besteht darin, dass nur lokale Minima gefunden werden. Man kann sich wie ein Bergsteiger fühlen, der im Nebel einen Gipfel erklimmt und nicht sieht, dass gleich daneben ein viel höherer Berg liegt, zu dem er hätte kurz absteigen müssen. Es kann sinnvoll sein, die Gewichte einmal gröber zu verändern oder neu anzufangen, um auch andere Gipfel zu erreichen.

Ein weiteres Grundprinzip ist ***Backpropagation***. Vereinfacht ausgedrückt versucht man, die Verarbeitungsschicht zu identifizieren, ab der ein Prozess „schiefläuft“, und dort einzugreifen. Dies kann am Anfang, in der Mitte oder am Ende einer Schicht sein. Gewichte werden also nicht gleichmäßig über die gesamte DNN geändert, sondern die erste Ebene, auf der ein offensichtlicher Fehler zum ersten Mal auftritt, wird überproportional verändert. Es wird versucht, das Übel an der Wurzel zu packen. Fehler werden nicht durch viele Verarbeitungsschichten weitergereicht, bis schließlich eingegriffen wird.

Wie leistungsfähig muss ein System sein, um korrekte Ergebnisse zu liefern? Wir haben keine genaue Antwort darauf, aber es ist leicht einzusehen, dass „schwierigere“ Aufgaben „größere“ Netze erfordern. Das **Training** neuronaler Netze, wie es derzeit durchgeführt wird, erfolgt im Wesentlichen sequentiell, wobei die Auswirkungen jedes Stapels von Beispielen zurück propagiert werden, um die Gewichte zu aktualisieren. Die Hardware selbst unserer leistungsfähigsten Computer erlaubt es (noch?) nicht, ein DNN auch nur mittlerer Größe als Ganzes zu optimieren. Tatsächlich ist der größte Teil eines neuronalen Netzes während des Trainings die meiste Zeit „inaktiv“.

Allerdings scheint es einen ultimativen Kompromiss zwischen Leistung und Trainierbarkeit zu geben: Je mehr man möchte, dass ein System seine Rechenkapazität „wirklich nutzt“, desto mehr zeigt es „rechnerische Irreduzibilität“ und desto weniger ist es trainierbar. Und je mehr es prinzipiell trainierbar ist, desto weniger wird es in der Lage sein, anspruchsvolle Berechnungen durchzuführen.

Im biologischen Gehirn ist das vermutlich anders – jedes „Gedächtniselement“ (also jedes Neuron) ist ein universell adaptierbares aktives Rechenelement. Und wenn wir unsere zukünftige Computer-Hardware so konfigurieren könnten, wäre es vielleicht möglich, sie viel effizienter zu trainieren.

Kapitel 3 | Chatbots

Das war jetzt zugegebenermaßen etwas viel Informatik und es ist an der Zeit, dass wir uns mit einer praktischen Anwendung beschäftigen. Was derzeit die meiste Aufmerksamkeit auf sich zieht, sind **Chatbots**, wie ChatGPT einer ist.

Die Abkürzung „**ChatGPT**" besteht aus zwei Teilen: „Chat" bedeutet, dass es sich um ein Dialogprogramm handelt, „GPT" steht für „Generative Pretrained Transformer". Es handelt sich um ein Dialogprogramm, das Inhalte übermittelt, die vorprogrammiert sind. Die Programmierung übernimmt das Programm selbst („generativ"), was ziemlich erstaunlich ist.

ChatGPT ist ein **DNN**, das darauf trainiert wurde, relativ schnell auf Spracheingaben in Textform im Dialog zu antworten. Es gibt einige Vorgänger von ChatGPT, aber bisher kein vergleichbares System mit ähnlicher Leistungsfähigkeit:

- ChatGPT beherrscht viele Sprachen und Dialekte.
- ChatGPT antwortet nicht nur mit einzelnen Wörtern, sondern versucht, die Bedeutung einer Aussage zu erfassen.
- ChatGPT-Antworten sind inhaltlich erstaunlich „erwachsen" und tiefgründig.
- Wer mit ChatGPT kommuniziert, hat oft schon nach kurzer Zeit das Gefühl, mit einem intelligenten Lebewesen zu sprechen.

Der letzte Punkt beschreibt jedoch nur den Eindruck eines Kommunikationspartners, es handelt sich um den bereits erwähnten Effekt des menschlichen ***Anthropomorphismus***. Menschen neigen dazu, Dingen, aber auch Pflanzen oder Tieren typisch menschliche Eigenschaften zuzuschreiben. Ein Hase ist „unschuldig", ein Wolf eher „böse", während der Bär als „tollpatschig" durchgeht. Es überrascht nicht, dass ChatGPT als nüchterne, aber sehr persönliche Figur wahrgenommen wird. Dabei hat „er" als Vertreter der schwachen KI weder ein **Ich-Bewusstsein** noch so etwas wie kreative Intelligenz.

Eine interessante Eigenschaft von ChatGPT ist, dass „er" gelegentlich „lügt": *ChatGPT halluziniert manchmal.*

Wenn dem Chatbot keine oder nur wenige Informationen zu einem Sachverhalt zur Verfügung stehen, kann es passieren, dass er sich Dinge aus dem freien Kontext „ausdenkt". Oder anders ausgedrückt:

Wenn die Wahrscheinlichkeitsräume dünn werden, wird ChatGPT in seinen Aussagen unzuverlässig.

ChatGPT ist nicht in der Lage zu erkennen, wann seine eigene Informationsbasis zu schwach wird, um korrekte Ergebnisse zu liefern. Um dies zumindest ein wenig zu kompensieren, bauen die Entwickler ständig Sperren ein, die dann aktiv werden, wenn diese Gefahr eintritt. Natürlich ist das nur eine Krücke. Hier der Ausdruck eines entsprechenden Dialogs:

Beispiel | ChatGPT-Session (durchgeführt am 08.06.2023)

▸ „Hallo ChatGPT."
▹ „Hallo! Wie kann ich Ihnen heute helfen?"
▸ „Was ist ein ‚Kahgferzig'?"
▹ „Es tut mir leid, aber ich konnte keine Informationen zu dem Begriff „Kahgferzig" finden. Es ist möglich, dass es sich um einen Schreibfehler handelt oder dass es sich um eine lokale oder umgangssprachliche Bezeichnung handelt, die nicht weit verbreitet ist. Könnten Sie weitere Informationen geben oder den Begriff genauer beschreiben? Ich stehe Ihnen gerne zur Verfügung, um zu helfen.

Es ist trotzdem möglich, **Halluzinationen** auszulösen, man muss nur etwas raffinierter vorgehen und einen Begriff wählen, der in der Realität vorkommen könnte. Die Suche nach einer (völlig willkürlichen) „Nordhagener Pfefferboulette" ergibt zur Kontrolle bei Google 0 Treffer:

Beispiel | Google-Recherche (durchgeführt am 08.06.2023)

Keine Ergebnisse für „Nordhagener Pfefferboulette" gefunden.

Aber ChatGPT macht etwas daraus:

Beispiel | ChatGPT-Session (durchgeführt am 08.06.2023)

▸ „Hallo ChatGPT."
▹ „Hallo! Wie kann ich Ihnen heute helfen?"
▸ „Was ist eine ‚Nordhagener Pfefferboulette'?"
▹ „Eine Nordhagener Pfefferboulette ist eine kulinarische Spezialität aus Nordhagen, einer Stadt in Deutschland. Es handelt sich dabei um eine Art Frikadelle oder Hacksteak, das mit Pfeffer gewürzt ist. Die genaue Rezeptur kann je nach Tradition und persönlichem Geschmack variieren, aber im Allgemeinen bestehen Nordhagener Pfefferbouletten aus einer Mischung aus Rinderhackfleisch, Gewürzen, Zwiebeln und Kräutern. Der Pfeffergeschmack verleiht ihnen eine würzige Note. Traditionell werden Nordhagener Pfefferbouletten gebraten und oft mit Bratkartoffeln, Salat oder Gemüse serviert. Sie sind eine beliebte Spezialität in der Region Nordhagen und werden gerne in lokalen Restaurants oder auf Veranstaltungen angeboten."

ChatGPT verwendet die unglaubliche Anzahl von 175 Milliarden künstlicher **Neuronen**. Damit übertrifft es die Kapazität des menschlichen Gehirns (ca. 100 Milliarden Neuronen) um fast das Doppelte. Mit dieser enormen Kapazität ist die Maschine in der Lage, ein ganz normales Gespräch zu führen. Und zwar so gut, dass es nicht auffällt, wenn die Sätze keinen Sinn ergeben. ChatGPT wählt Wörter nur nach Wahrscheinlichkeiten aus, und es ist ihm egal, was sie bedeuten. Schauen wir uns das genauer an.

Bedeutungsräume

Nehmen wir folgenden Satz, der aus seinem Zusammenhang gerissen wurde:

„Der Duft einer Blume ist..."

Wie würden wir den Satz ergänzen? Wir würden uns zunächst überlegen, welche Wörter am besten passen und eine entsprechende priorisierte Liste von Kandidaten erstellen:

...süß
...betörend

...bezaubernd
...schön
...allergieauslösend
...märchenhaft
...widerlich
...sauer
...modrig

Als erstes würden wir wahrscheinlich „süß“ wählen:

„Der Duft einer Blume ist süß.“

Das ist nicht sehr originell. Tatsächlich hat sich herausgestellt, dass das Auffüllen mit Wörtern der höchsten Prioritätsstufe nicht zu besonders aussagekräftigen, sondern eher zu „flachen“ Texten führt[7].

Wir sind also gut beraten, nicht gleich das erste Wort zu verwenden, sondern nach dem Zufallsprinzip eines der folgenden, wie z. B. „betörend“ oder „bezaubernd“: „Der Duft einer Blume ist betörend“.

Was noch auffällt: Die Wörter in der Liste haben unterschiedliche Qualitäten. „Allergieauslösend“ ist noch relativ neutral, wenn auch für viele Menschen keineswegs wünschenswert, aber „ekelhaft“, „sauer“ und „muffig“ sind eindeutig negative Begriffe. Offensichtlich gibt es neben der reinen Wahrscheinlichkeit noch mindestens eine weitere Dimension bei der Verwendung von Begriffen, nämlich die der Grundtendenz. Soll mit dem Satz eine positive oder eine negative Aussage über die Blume getroffen werden?

Um bei unserem Beispiel zu bleiben, müssten wir mindestens zwei priorisierte Listen erstellen, eine mit eher negativen Begriffen und eine mit positiven Begriffen. Wahrscheinlich werden aber viel mehr Listen benötigt. Es könnte eine poetische, eine profane, eine wissenschaftliche oder eine allegorische Liste geben. Mit unseren Listen schaffen wir einen mehrdimensionalen ***Begriffsraum***.

Was aber, wenn ein Begriff in mehreren dieser Listen auftaucht? Zum Beispiel könnte „betörend“ sowohl in der poetischen als auch in der allegorischen Liste erscheinen. Das ist prinzipiell kein Problem, aber dann hat ein Begriff in zwei oder mehr Listen unterschiedliche Prioritäten. Der ***Wortraum*** kann kleiner sein als der Begriffsraum. Wir kennen das aus unserer Sprache: Im Deutschen hat das Wort „Einfahrt“ 24 Bedeutungen,

---

7 Warum das so ist, ist nicht ganz klar; es ist einfach eine Erfahrung, die gut funktioniert.

und insbesondere im Englischen ist es nicht ungewöhnlich, dass einzelne Wörter für weit mehr Entitäten stehen[8].

Jede dieser zusätzlichen Listen erweitert unseren Begriffsraum um eine weitere Dimension. Bleiben wir bei unserem einfachen Beispiel („positiv", „negativ", „poetisch", „profan", „wissenschaftlich" und „allegorisch"), so haben wir bereits einen zweidimensionalen Raum mit sechs Ebenen. Da diese Ebenen aber wiederum Unterebenen haben können („märchenhaft" wäre in der positiven Ebene und dort in der Unterebene „poetisch"), bleibt es nicht bei zwei Dimensionen, sondern wir haben es mit drei-, vier-, fünf- und schließlich mehrdimensionalen Räumen zu tun.

Wir Menschen haben schon mit dreidimensionalen Räumen Probleme. Computer tun sich da leichter und können **mehrdimensionale Bedeutungsräume** als Matrizen darstellen. Kein Mensch kann sich das geistig vorstellen, aber man kann damit sehr gut rechnen. Carl Friedrich Gauß hat dafür vor fast 200 Jahren die Grundlagen gelegt.

Wissen | Carl Friedrich Gauss (1777–1855) war ein deutscher Mathematiker, Statistiker, Astronom, Geodät, Elektrotechniker und Physiker, also ein Universalgenie.

Wie ChatGPT mit Sprache umgeht

Wenn ChatGPT den Satz „Der Duft einer Blume ist..." vervollständigen soll, wählt er nicht einfach ein mehr oder weniger passendes Wort aus einer Liste aus, sondern berücksichtigt den Kontext. Dazu hat er sich aus dem Kontext des Gesprächs heraus in eine passende Zone seines mehrdimensionalen Bedeutungsraums begeben und wählt ein Wort, das nicht unmittelbar benachbart ist (siehe oben), aber nicht zu weit entfernt.

Im poetischen Kontext kämen „betörend" oder „bezaubernd" in Frage, aber „allergieauslösend" wäre sicher die falsche Wahl. Ob ein Wort benachbart ist oder nicht, wird durch den mathematischen Abstand definiert. Dieser ist klein bei benachbarten Wörtern einer Liste, größer bei nahe beieinander liegenden Listen und Positionen ähnlicher Priorität und sehr groß bei

8 „set" ist das vielfältigste englische Wort mit ca. 430 Bedeutungen.

weit auseinanderliegenden Listen und Positionen extrem unterschiedlicher Priorität.

Das richtige Wort zu wählen wird damit zu einer Rechenaufgabe. Es wird möglich, passende Worte zu wählen, auch wenn man keine Ahnung über die Zusammenhänge hat.

In unserem Beispiel haben wir nur nach einem Wort gesucht, aber das Prinzip lässt sich auch auf Sätze ausweiten. Deren prinzipieller Aufbau (Aussagesatz, Fragesatz, Behauptungssatz usw.) kann ebenfalls nach Wahrscheinlichkeitsgesetzen in Abhängigkeit von den vorhergehenden Sätzen berechnet werden. Im Prinzip ist nur ein einziger Eingangssatz erforderlich („Was kann ich heute für Sie tun?"), danach spricht der Benutzer, und davon beeinflusst sucht ChatGPT einen passenden Satztyp, füllt ihn mit passenden Wörtern, gibt ihn aus und der Benutzer antwortet. Danach beginnt das Spiel von vorne.

Wie ChatGPT lernt: Das Sprachmodell

Damit das alles wirklich gut funktioniert, ist ein gut gefüllter **Bedeutungsraum** Voraussetzung. Wie aber kommt **ChatGPT** zu diesem „Super-Wörterbuch" oder ***Sprachmodell***, in dem nicht nur alle Begriffe der gängigen Sprachen enthalten sind, sondern diese auch noch in verschiedene Dimensionen unterteilt und nach Verwendungshäufigkeit priorisiert sind? Es nutzte (und nutzt immer noch) die größte Wissensdatenbank, die es gibt: das Internet. Ohne dieses weltweite Netz wäre eine Konversationsmaschine wie ChatGPT undenkbar.

Vor mehr als 30 Jahren, als die ersten großen **KI-Projekte** gestartet wurden, versuchten einige Projekte, die Wissensbasen ihrer Systeme mit realem Wissen zu füttern. Dazu wurden mit großem Aufwand Zeitschriften, Bücher und andere Texte digitalisiert und eingelesen. Dies gelang nie so richtig und die Skeptiker der Methode fühlten sich bestätigt: Nur durch „Lesen" könne man die Wirklichkeit nicht erfassen.

Doch ChatGPT beweist: Nicht die Methode war falsch, es gab einfach zu wenig Daten. ChatGPT hat mehr Bücher und Texte gelesen als jeder andere Mensch, der je gelebt hat. Alle Sätze, alle Wörter, die er findet, ordnet er kontextabhängig in seinen Bedeutungsraum ein. Damit könnte ChatGPT zwar Sätze vervollständigen, aber oft genug liegt er falsch. Was fehlt, ist Training.

Dazu wird der Bot trainiert: ChatGPT nimmt einen beliebigen Satz und sucht darin nach einem zufälligen Wort. Das Wort wird gelöscht und nun versucht er, genau dieses Wort zu erraten.

Etwas vor sich selbst zu verbergen ist für Menschen nicht einfach, für Computer schon: Der Algorithmus versteckt das Wort vorübergehend und vergleicht es mit den Ergebnissen seines neuronalen Netzes. Passt es nicht, werden die Gewichte des **DNN** angepasst.

Dadurch wird die notwendige Klassifikation der Daten überflüssig, da sie in den Texten des Internets implizit vorhanden ist. Das Ganze kann mit Sätzen, Abschnitten usw. ergänzt werden. Am Ende steht ein trainiertes Sprachmodell, das in der Lage ist, nahezu perfekte Gespräche zu führen.

Was ChatGPT ist und was er nicht ist

ChatGPT ist ein reines Sprachmodell, ein „Large Language Model" (LLM). Er kann auf Fragen antworten, indem er Wörter, Sätze und Abschnitte so zusammenfügt, dass sie inhaltlich, orthographisch und grammatikalisch passen. ChatGPT verfügt nicht[9] über eine explizite Wissensmaschine, denn das ursprüngliche Ziel des Projekts war es, eine KI für Konversation zu entwickeln. Interessanterweise ist es aber trotzdem möglich, ChatGPT nach Dingen zu befragen, denn die Art und Weise seines Trainings anhand von Einträgen aus dem Internet verknüpft implizites Wissen mit den Regeln seines Sprachmodells.

Wissen | Ludwig Wittgenstein (1889–1951) war ein deutscher Philosoph.

Das ist nicht leicht zu verstehen und wirft einige Fragen auf. Der Philosoph Ludwig Wittgenstein behauptete, dass die Namen der Dinge einer Bedeutungsebene angehören, die nicht unbedingt mit der Realität übereinstimmen muss. Aus Wörtern können Sätze gebildet werden, die logisch und syntaktisch korrekt sind, aber keine Entsprechung in unserer Realität (welcher Art auch immer) haben. Wittgenstein spricht hier von „Sprachspielen". Für uns

9 Jedenfalls nicht in der frei verfügbaren Version.

ist ein Satz wahr, wenn er mit der Wirklichkeit übereinstimmt. Es sind aber auch wahre Sätze denkbar, die keine solche Entsprechung haben.

ChatGPT lernt durch **Training**, die beiden Arten zu unterscheiden, so dass seine Sätze meistens wahr sind. Erinnern Sie sich an die „Hagener Pfefferboulette"? Der Absatz, den ChatGPT geliefert hat, ist syntaktisch und semiotisch einwandfrei. Einem unaufmerksamen Leser würde nichts auffallen. Das Textstück hat nur einen Nachteil: Es entspricht nicht der Wahrheit.

Wittgenstein würde sagen, der Inhalt hat keine Entsprechung in unserer Wirklichkeit. Wenn der Informationsgehalt der Wissensquellen „dünn" wird oder das Internet nur wenige Daten zu einem bestimmten Thema bietet, dann ist ChatGPT nicht in der Lage, die Übereinstimmung seiner Sätze mit der Realität zu überprüfen. Er konnte nicht trainiert werden und seine Gewichte nicht richtig einstellen.

Das Ergebnis sind Antworten, die zwar richtig gebildet, aber dennoch falsch sind (oder nicht mit der uns umgebenden Realität übereinstimmen). Leider gibt es kein Maß dafür, ab wann eine bestimmte Informationsdichte ausreicht, um ein Sprachmodell korrekt zu trainieren. ChatGPT ist daher nicht in der Lage, eine Aussage über den Wahrheitsgehalt seiner Sätze zu treffen. Für den Benutzer bedeutet dies:

Alle Antworten von ChatGPT müssen überprüft werden.

Ich habe sehr schlechte Erfahrungen mit der Suche nach wissenschaftlichen Quellen gemacht. Die Ausgaben von **ChatGPT** klangen immer plausibel, bei der Überprüfung waren sie oft „falsch", die Quellen waren nicht vorhanden. Aber es ist bemerkenswert, dass es möglich ist, Sprachmodelle so zu trainieren, dass die daraus resultierenden Sätze überwiegend wahr sind.

Ist das auch mit anderen Merkmalen möglich? Ist es denkbar, ein Sprachmodell zu entwickeln, mit dem nur richtige Sätze in Bezug auf eine Lehrmeinung gebildet werden können? Ich denke, **George Orwell** würde sich für diese Fragen brennend interessieren.

Wissen | George Orwell (1903–1950) war ein britischer Schriftsteller.

Nach diesem ernsten Gedanken ist es an der Zeit, sich mit den Konsequenzen für das Gesundheitssystem zu beschäftigen.

Kapitel 4 | Die Zukunft der Medizin

Es besteht kein Zweifel, dass **künstliche Intelligenz** so viele Möglichkeiten bietet, dass sie in den kommenden Jahren ein Anwendungsgebiet nach dem anderen in der Medizin erobern wird. Die offensichtliche Leistungsfähigkeit von **DNNs**, insbesondere ihre Fähigkeit zum selbstständigen Lernen, wird Anwendungsbereiche eröffnen, die wir uns heute noch gar nicht vorstellen können.

Die allgegenwärtige **Digitalisierung** und die gleichzeitig stattfindende **Biogenisierung** (damit meine ich den verstärkten Einsatz der Gentechnik) führen zu **Multiplikatoreffekten**, das heißt, die technischen Möglichkeiten ergänzen und unterstützen sich gegenseitig.

Natürlich nur, wenn wir das zulassen. Die Frage, ob wir das tun sollen, wird uns spätestens ab jetzt für den Rest des Buches begleiten. Sie ist nicht leicht zu beantworten, denn einerseits kann die Medizin jede Hilfe gut gebrauchen. Andererseits gibt es ethische Grenzen, die wir nicht leichtfertig über Bord werfen sollten. Pionierarbeit ist gefragt.

Technologiefolgenabschätzung

Ich kenne kein erfolgreiches technisches Verfahren, das die Menschheit entwickelt hat und das dann nicht in die Praxis umgesetzt wurde. Selbst die Atombombe wurde nicht nur getestet, sondern auch als Kriegswaffe eingesetzt, obwohl die Folgen absehbar waren.

Die Mobiltelefonie ist ein weiteres Beispiel. Ich gehöre nicht zu den oft vehementen Gegnern, aber mich stört etwas anderes: Unabhängig davon, ob sich die gepulsten elektromagnetischen Felder als schädlich für den Menschen herausstellen sollten (sie sind es glücklicherweise nicht), wurde diese Technologie in der Vergangenheit eingeführt, ohne dass vorher eine vernünftige Folgenabschätzung durchgeführt wurde.

Es gibt genügend Studien, die belegen, dass der breite Einsatz von Mobilfunkanwendungen, vom Smartphone bis zur drahtlosen Heimautomatisierung, keine besonders schädlichen Auswirkungen auf unsere Gesundheit hat. Allerdings wurden diese Studien erst durchgeführt, nachdem das Kind bereits in den Brunnen gefallen war.

Die Chancen, den breiten Einsatz von KI zu regulieren, stehen also nicht gut. Ein Fußballer würde sagen: Die Statistik spricht dagegen.

Das sollte uns aber nicht entmutigen, denn das muss nicht für alle Zukunft gelten. Künftig sollten neue Technologien vor ihrer breiten Anwendung unbedingt auf ihre Gefahren und Risiken hin untersucht werden, sonst geht es uns wie dem Betrunkenen in der Apotheke, der eine Tinktur nach der anderen ausprobiert: Irgendwann öffnet er ein Fläschchen, dessen Inhalt ihn umbringt.

Wir sollten uns zunächst die Frage stellen, welche Vorteile der Einsatz von KI in Gesundheit und Pflege haben könnte:

- Die Behandlungsqualität wird verbessert.
- Das medizinisch-pflegerische Personal wird entlastet.
- Es ergeben sich wirtschaftliche Vorteile.

Eine Medaille hat mehr als eine Seite

Keine **Innovation** hat nur positive Auswirkungen. Das gilt überall, auch in der **Medizin**. Ein neues, wirksames Medikament gegen eine bisher unheilbare Krankheit kann die Qualität der Behandlung verbessern. Es wird aber auch Nebenwirkungen haben und mit ziemlicher Sicherheit die Behandlungskosten erhöhen, zumindest wenn man nur die unmittelbaren Folgen betrachtet.

Aber ist die Gesundheit eines Menschen nicht jeden Preis wert? Leider nein, und das hat nicht nur ökonomische Gründe. Denn die verfügbaren Ressourcen, also Geld und Personal, sind nicht unbegrenzt. Wir befinden uns in einem ***Nullsummenspiel***. Die **Ressourcen**, die in einem Fall verbraucht werden, fehlen zwangsläufig allen anderen Patienten.

Es kann daher unethisch sein, eine Behandlung zu beginnen, auch wenn sie Erfolg verspricht, wenn sich abzeichnet, dass in der Folge andere Patientinnen mit besseren Behandlungsaussichten nicht oder nur unzureichend versorgt werden können. Geld und **Ethik** sind keine Dinge, die nichts miteinander zu tun haben. Sie sind eng miteinander verknüpft.

Neben der Qualität der Behandlung gibt es eine Reihe von Effekten, an die man nicht sofort denkt. Eine **Innovation**, die das Personal entlastet, kann durchaus kleinere Nachteile für die Patientinnen mit sich bringen. Sie könnte aber trotzdem wünschenswert sein, weil sie dazu beiträgt, die Personalsituation im Gesundheitswesen zu entschärfen, und damit letztlich dazu führt, dass sich wieder mehr Menschen für Gesundheitsberufe entscheiden.

Auch die Frage der **Nachhaltigkeit** kann eine wichtige Rolle spielen. Die Medizin ist eine der letzten Bastionen der Unbekümmertheit in dieser Hinsicht, aber ist es wirklich richtig, dass viele Antibiotika im Abwasser landen, dass ganze Bakterienstämme in unseren Kläranlagen absterben?

Darüber hinaus gibt es **Risiken**, die sich erst viel später zeigen und die besonders tückisch sind. Ich meine damit Effekte, die dadurch entstehen, dass eine Technologieanwendung, die generell abgelehnt wird, „im Einzelfall" unter Hinweis auf ihre segensreiche Wirkung dennoch eingesetzt wird und damit einen Präzedenzfall schafft. Eine solche Rechtfertigung für einen Dammbruch – und ein solcher wäre gegeben – haben z. B. chinesische Forscher angeführt, die gleich fünf menschliche Klone erzeugt haben. Sie taten dies nur, um eine Erbkrankheit zu eliminieren[10].

Auch die **Autonomie** des Patienten ist zunehmend gefährdet. In jüngster Zeit sind immer mehr digitale Hilfsmittel auf den Markt gekommen, die von den Menschen, denen sie helfen sollen, nicht ausgeschaltet werden können. Dazu gehören Systeme zur Hausautomatisierung wie der berühmte Fußboden, der Stürze älterer Menschen erkennen soll.

Zweifellos ist es gut, wenn bei einem Sturz, der sehr schwerwiegende Folgen haben kann, sofort Hilfe herbeigerufen werden kann. Tatsache ist aber auch, dass es sich um eine Überwachung handelt. Der Überwachte hat darauf keinen Einfluss, sei es aus mangelnder technischer Kompetenz oder weil es von vornherein unmöglich ist. Dies ist eine Form der **Entmündigung**, wenn auch eine gut gemeinte.

Ist die faktische Entmündigung geistig behinderter Menschen durch nicht abschaltbare **assistive Technologie** vertretbar? Wo ist die Grenze? Haben z. B. Demenzkranke ein geringeres Recht auf persönliche Freiheit? Ist die Gesundheit eines Menschen dessen Privatsache oder geht die Fürsorgepflicht vor, müssen Patienten manchmal sozusagen „zu ihrem Glück gezwungen" werden?

Die Beispiele zeigen, dass es kaum eine Anwendung von KI in der Medizin gibt, die nicht auch negative Folgen hat. Es gibt immer zwei Seiten einer Medaille. Entscheidend für einen Einsatz ist daher, ob die Vorteile überwiegen. Diese Abwägung kann uns keine KI abnehmen.

---

10 Greela HT (2019) „CRISPR'd babies: Human germline genome editing in the ‚He Jiankui affair'" Journal of Law and the Biosciences 6(1): 111–83.

Wissen | Wichtig für die Einschätzung einer neuen Methode ist es, dass die Vorteile überwiegen.

Wann kommt der KI-Einsatz?

Technische, industrielle und kulturelle **Revolutionen** kommen selten schlagartig. Sie verhalten sich in ihrer Entfaltung eher wie ein Erdrutsch: Zunächst bröckelt es, dann wird die Veränderung langsam stärker, bis plötzlich der ganze Berg in Bewegung gerät. So ist es auch mit dem KI-Einsatz in der Gesundheit. Wir befinden uns in der Anfangsphase, bei der der Prozess absehbar ist. Aber wir sind noch ein wenig von den plötzlich und flächendeckend einsetzenden Umbrüchen entfernt. Welche Hindernisse müssen noch aus dem Weg geschafft werden?

1. **Die KI-Systeme sind nicht ausgereift.**
   Das gilt sicherlich für viele Anwendungsbereiche der KI; die vielen Fehlschläge der Automobilindustrie bei der Entwicklung selbstfahrender Fahrzeuge sind ein gutes Beispiel dafür. Die Welt ist komplex und bereits voller anderer „Systeme", seien es Maschinen oder Menschen. Es wäre nicht schwer, eine Autobahn zu bauen, auf der nur autonome Lastwagen fahren. Aber es sind auch andere Fahrzeuge unterwegs, die ganz anders gesteuert werden. Dass KI-Systeme noch nicht so weit sind, darf nicht darüber hinwegtäuschen, dass sie es eines Tages sein werden. Solange keine unüberwindbaren Hindernisse auftauchen und der technische Fortschritt anhält, wird auch das unzuverlässigste KI-System irgendwann seine Aufgabe erfüllen können.
2. **Es gibt keine gesetzlichen Rahmenbedingungen.**
   Es wird nicht einfach sein, den Einsatz von KI-Systemen gesetzlich zu regeln. Wer haftet zum Beispiel, wenn ein **Diagnosesystem** aus welchen Gründen auch immer eine schwerwiegende Komplikation übersieht? Kein Hersteller wird es sich auf Dauer leisten können, hier Gewährleistung zu übernehmen. Wenn Hersteller gesetzlich zur Gewährleistung verpflichtet werden, wird die Entwicklung abgewürgt. Können wir uns das leisten? Es wird also eine Lösung geben müssen, mit der alle leben können.

3. **Die Mehrheit wünscht keinen Einsatz von KI-Systemen.**
   Die Herausforderungen der nächsten Jahre werden so groß sein, dass ich es für ziemlich ausgeschlossen halte, dass wir auf technische Lösungen verzichten können. Im Übrigen werden ärmere Länder nicht akzeptieren, dass sie auf Möglichkeiten verzichten, nachhaltigen Wohlstand zu erreichen. Das Argument, das meist aus einer privilegierten Position heraus vorgebracht wird, ist also nicht frei von **ökonomischem Imperialismus**.
4. **Je entwickelter eine Gesellschaft ist, umso mehr Beharrungsvermögen hat sie.**
   Viele Menschen denken auch, dass die Dinge gut funktionieren. Warum sollten wir dann unsichere oder gar gefährliche Technologien einsetzen? Die Menschen glauben nur, dass die Dinge gut funktionieren, weil sie sich nicht vorstellen können, wie Verbesserungen aussehen könnten. Gerade in der Medizin wird das sehr schnell sichtbar werden.

Wo wird KI eingesetzt?

Wo genau kann KI für die **Gesundheit** eingesetzt werden? Das ist eine schwierige Frage. Wir haben bereits am Anfang dieses Buches gesehen, wie weit Prognosen von dem entfernt sein können, was tatsächlich eintritt, insbesondere wenn es um Computer geht. Wir werden die Zukunft nicht genau vorhersagen können, dafür gibt es zu viele Möglichkeiten. Aber es gibt einige Anwendungen, die ziemlich wahrscheinlich sind. Im Rahmen der Jahrestagung eines Wissenschaftskollegs habe ich im Juli 2023 das Auditorium befragt. Dabei wurden folgende Anwendungsfelder für KI für Gesundheit und Pflege genannt:

- medizinische Assistenzsysteme
- robotische Systeme im OP
- robotische und assistive Systeme in der Pflege
- KI bei der Selbstbehandlung
- KI in Bioinformatik und Genetik
- KI im Einsatz bei der Lehre
- KI zur Schaffung neuer Krankeitsmodelle

Zwei der Punkte, **Robotersysteme** im **OP** und in der **Pflege**, haben nicht direkt mit KI zu tun. Es ist aber zu erwarten, dass der Einsatz von Robotertechnik erst durch die Steuerung eines KI-basierten Systems interessant wird. Denn ein **Roboter** ist nichts anderes als ein mechanisches System, das gesteuerte Bewegungen ausführt. Wenn der Mensch steuern muss, ist der Effizienzgewinn eher begrenzt, im Gegensatz zu einer autonomen Steuerung durch eine KI.

Die obige Liste habe ich als Grundlage für die folgenden fünf Kapitel verwendet, in denen ich auf einige praktische Umsetzungen näher eingehe.

Kapitel 5 | Einsatz in der Medizin

Ein merkwürdiger Fall

Während meines Studiums hatte ich die Möglichkeit, einige Monate bei einem niedergelassenen Arzt in einer ländlichen Gegend zu famulieren, d. h. bei seinen Untersuchungen an Patienten dabei zu sein. Ich saß oder stand hinter ihm an seinem Schreibtisch und konnte viel lernen, wofür ich heute noch dankbar bin.

Eines Tages kam ein Patient zu einer Routineuntersuchung ins Sprechzimmer, der mir nicht gesund, aber auch nicht besonders krank vorkam. Der Arzt schaute ihn kurz an, runzelte die Stirn und sagte schließlich: „Herr Maier (Name geändert), ich untersuche Sie noch kurz, aber ich kann Ihnen schon jetzt sagen, dass Sie möglichst gleich danach ins Krankenhaus gehen sollten. Ich bin mir ziemlich sicher, dass Sie eine ernsthafte Erkrankung haben, aber es ist wahrscheinlich noch nicht zu spät."

Ich war genauso verblüfft wie der Patient, der aber genug Vertrauen in den Arzt hatte, um sich noch am selben Tag einweisen zu lassen. Es stellte sich heraus, dass er ein Lungenkarzinom hatte. Es konnte operativ entfernt werden, so dass der Patient zwar nicht mehr ganz gesund wurde, aber noch einige gute Jahre vor sich hatte.

Hunderttausende von Jahren hat die Evolution unser Gehirn darauf trainiert, wesentliche Informationen schnell aufzunehmen (meist über die Augen) und das wesentliche herauszufiltern. Wir sind in der Lage, selbst kleinste Nuancen wahrzunehmen, ohne uns dessen immer bewusst zu sein. Eine schlaffe Haut, eine fahle Gesichtsfarbe, ein insgesamt schlechter körperlicher Zustand, all dies wahrzunehmen, dauert nur Bruchteile von Sekunden.

Hinzu kam, dass unser Medicus den Patienten von früheren Besuchen kannte, bei denen er offensichtlich ein paar Kilo mehr auf die Waage gebracht hatte, was verdächtig war. Und nicht zuletzt kannte er seine Familie: Sein Onkel war vor einem Jahr an Lungenkrebs gestorben. Das alles reichte für eine Verdachtsdiagnose, und weil es schnell gehen musste, hielt sich der Arzt nicht lange mit Höflichkeiten auf.

Datenflut

Das ist lange her und dürfte heute eher die Ausnahme als die Regel sein. In der Zwischenzeit hat sich unser Gesundheitssystem verändert. Den klassischen Hausarzt, der die Patientin und ihr familiäres Umfeld gut kennt, gibt es kaum noch. Aber auch wenn dies nicht der Fall wäre, haben sich **Diagnostik** und **Therapie** verändert. Anamnese und körperliche Untersuchung mit einfachen Mitteln (Abklopfen, Stethoskop) gibt es zwar immer noch, aber sie werden ergänzt durch moderne Mittel der Hightech-Medizin.

Bildgebende Verfahren wie die Computertomographie erzeugen Tausende von Schnittbildern, die ein Radiologe aus Zeitgründen kaum mehr im Detail betrachten kann. Laboruntersuchungen von Blut oder Urin führen zu ellenlangen Wertetabellen. Oft werden deshalb auffällige Befunde mit einem „Sternchen" markiert, um die Gefahr des Übersehens zu minimieren. Nur: So einfach ist das mit dem Markieren nicht. Jeder Mensch ist anders, und ein Wert, der für den einen noch normal ist, kann für den anderen hoch pathologisch sein.

„Der Patient in Zimmer 12 hat Temperatur: 39,5 Grad Celsius."

Was bedeutet dieser Satz? Für sich genommen sehr wenig. Denn wenn es sich bei dem Patienten um ein drei Monate altes Baby mit einer leichten Infektion handelt, dann ist es völlig normal, dass der kindliche Körper zur Abwehr der Infektion die Temperatur in die Höhe treibt. 37,5 Grad verkraftet der Säugling „locker", kein besonderer Grund zur Beunruhigung.

Was aber, wenn es sich um einen 86-jährigen Senior handelt, vielleicht nach einer Hüftoperation? Dann kann es sein, dass sich die Hüfte bakteriell entzündet und sich eine Blutvergiftung entwickelt. Höchste Alarmstufe, hier muss sofort gehandelt werden.

Natürlich weiß das Personal, wer in Zimmer 12 liegt, und deshalb reicht die einfache Aussage im Normalfall auch aus. Aber wie soll ein relativ einfaches Laborsystem erkennen, ob hier eine ernste Gefahr besteht oder nicht?

Kliniker müssen jeden Tag hunderte von Werten kontrollieren, von denen die allermeisten im Normalbereich liegen. Es kann sein, dass nach Tagen mit endlosen Normalwerten ein einziger Wert über die weitere Therapie entscheidet. Aber die Evolution hat uns nur gelehrt, in Gesichtern und Körpern zu lesen. Von Tabellen war nie die Rede.

Assistenzsysteme

Die Kliniker ertrinken in Daten: Ein Intensivpatient, von dem täglich 500 Einzelwerte anfallen, ist keine Seltenheit. Doch während wir Menschen mit Tabellen eher schlecht umgehen können, sind sie für Rechenmaschinen wie geschaffen, denn Tabellen sind datentechnisch strukturiert und damit gut maschinenlesbar.

Füllen Sie gerne Formulare aus? Nein? Das liegt daran, dass Formulare schon vor dem Einsatz von Computern für die automatisierte Verarbeitung geschaffen wurden. Deshalb werden Dinge abgefragt, die wir als redundant, umständlich oder einfach lästig empfinden.

Die Tabellen, die **klinische Informationssysteme** liefern, sind den Formularen ähnlich. 99 % der darin enthaltenen Werte sind unwichtig und das eine Prozent, auf das es ankommt, versteckt sich hinter dem ganzen Zahlensalat.

Es ist durchaus möglich, die Lesbarkeit medizinischer Daten zu verbessern, indem man die Darstellung „menschlicher" macht. Der **Kardex** (benannt nach einer Druckerei, die entsprechende Formulare herstellte) ist ein gutes Vorbild. Vitalwerte wie Blutdruck, Temperatur, Medikation etc. werden nicht in einer starren Tabelle dargestellt, sondern auf einem horizontalen Zeitstrahl eingetragen und durch Linien miteinander verbunden. Ein Ansatz, der sich bewährt hat; in seiner digitalen Variante in elektronischen Patientenakten sieht er leider meist furchtbar hölzern aus. Aber die Richtung stimmt: Wenn uns Menschen die Daten nicht passen, dann bringen wir sie in eine Form, die uns besser passt.

Was spricht dagegen, Ärztinnen mit Hilfe von KI auf eine besonders auffällige Konstellation in **Datensätzen** oder auch in Bilddaten aufmerksam zu machen? Ausgehend von einer effizienten Visualisierung könnte ein entsprechendes medizinisches Informationssystem besonders relevante Bereiche hervorheben. Ein kurzes Feedback wäre hilfreich, da es eine Klassifikation ermöglicht, aus der ein **DNN** lernen kann. Eine solche Funktionalität wäre eine echte Hilfe, da bin ich mir sicher.

Die Ärztinnen und Ärzte wären zwar nicht von ihrer Pflicht entbunden, alle **Daten** zumindest durchzusehen, aber die KI könnte eine Art Vorprüfung vornehmen und wichtige Bereiche entsprechend hervorheben. Die immer vorhandene Gefahr des Übersehens wäre wesentlich geringer und unabhängig davon würde sich bei Notfallpatienten ein nicht zu unterschätzender Zeitvorteil ergeben.

Der elektronische Radiologe

Keine Klinik der Welt kommt mehr ohne Röntgenbilder aus, zu wichtig ist der Blick in den lebenden Körper. Konventionelles **Röntgen** ist ein analoges Verfahren, bei dem strahlenempfindliche Schichten eines chemischen Films belichtet werden.

Wissen | Wilhelm Röntgen (1845–1923) kann für die Entdeckung der Röntgenstrahlen nicht genug gedankt werden, zumal er auch nie daran dachte, für seine Röntgenröhre ein Patent anzumelden. Im Gegenteil, er promotete seine Erfindung noch zusätzlich, indem er aus eigenem Budget Röntgenröhren in alle Welt versendete.

Heute werden die Filmplatten fast überall durch Detektorplatten ersetzt, die die Daten sofort digital ausgeben, so dass sie im Computer optimal weiterverarbeitet werden können (Schnittstellen!). Fortgeschrittene bildgebende Verfahren wie die **Computertomographie** und die **Magnetresonanztomographie** erzeugen ihre hochaufgelösten Schnittbilder sogar vollständig im **Computer**, gesteuert von den Sensorausgängen der angeschlossenen Geräte. Auch andere bildgebende Verfahren wie **Sonographie** und **Endoskopie** basieren überwiegend auf digitaler Bildverarbeitung.

Da die anfallenden Bilddaten regelmäßig von Radiologinnen und Fachärztinnen befundet werden, stehen die für das Training von KI-Systemen so wichtigen klassifizierten Daten in großer Menge zur Verfügung. Entsprechende **Datenbanken** werden derzeit von Forschergruppen aufgebaut, so dass einem effizienten Training einer diagnostischen KI praktisch nichts mehr im Wege steht. Ich gehe davon aus, dass solche Systeme in absehbarer Zeit marktreif sein werden.

Der Fortschritt einer **KI-gestützten Diagnostik** bei bildgebenden Systemen für die Patienten wäre enorm, denn derzeit ist es aus Kapazitätsgründen nur möglich, Röntgenbilder auf definierte Krankheitsformen in ausgewählten Regionen zu untersuchen. Alle bildgebenden Verfahren würden sich hervorragend als Screening-Verfahren[11] eignen, wenn nur die ungerichtete Befundung nicht so aufwendig wäre.

---

11 Das sind diagnostische Verfahren, die relativ unspezifisch, aber mit hoher Sensitivität eine Untersuchung durchführen, also eine Art Generalcheck.

Weitere KI-Diagnostik

Es gibt eine Reihe weiterer diagnostischer Verfahren, bei denen eine KI hilfreich sein kann. Immer dann, wenn digitalisierbare Daten vorliegen, in denen nach wiederkehrenden Mustern gesucht wird, dürfte eine Analyse mittels DNN erfolgversprechend sein. Das kann ein **Elektrokardiogramm** (EKG) sein, eine **Hirnstromableitung** (EEG) oder auch Sprachmuster, die bei bestimmten Krankheiten auftreten.

Bei sich klinisch manifestierender **Demenz** fällt häufig eine „verwaschene" Sprache auf. Das alleine würde nicht für eine Diagnose ausreichen, aber ein Vergleich mit einer früheren Aufnahme bei gleichzeitiger qualitativer Bewertung der Sprachqualität wäre ein guter diagnostischer Marker, der auch eine gewisse Prognose erlauben würde.

Diese Funktionalitäten lassen sich, wenn ein **neuronales Netz** mit der gewünschten Fähigkeit erst einmal trainiert wurde, relativ leicht und günstig in vorhandene Geräte einbauen. Denn ab einem gewissen Erkennungsgrad ist eine weitere Lernfähigkeit nicht mehr erforderlich. Sie wäre wegen der Vergleichbarkeit unterschiedlicher diagnostischer Geräte untereinander nicht nur entbehrlich, sondern sogar schädlich.

Eine brauchbar trainierte KI, die ihre Gewichte nicht mehr ändert, hätte nicht nur den Vorteil einer günstigen **Implementierbarkeit**, sondern könnte auch zur **Standardisierung** der **Diagnostik** beitragen. Gleiche **Netzwerkimplementierungen** in unterschiedlichen Geräten würden gleiche Ergebnisse liefern, womit eine diagnostische Norm geschaffen wäre.

Mit zunehmender Verbesserung wird die Rohdatenausgabe entbehrlich. Warum soll ein tragbares EKG-Gerät via Display die Spannungskurve ausgeben, wenn es in der Lage ist, die Ableitung besser zu beurteilen als die meisten Ärzte? Professionelle diagnostische Geräte werden noch einige Zeit die gewohnten Ausgabemöglichkeiten (Kurven, Audioanalysen, Fourier-Transformationen) bieten, aber im privaten Bereich will der Besitzer in erster Linie eine schnelle Ausgabe, die er dann überprüfen lassen kann.

Es gibt bereits Kameramodule mit eingebauter KI-gesteuerter Gesichtserkennung für unter 20 Euro zu kaufen, auch die Erkennung von kardialen Erkrankungen ist bereits in mancher Smartwatch integriert, bzw. sie wird demnächst integriert. Es gibt Toiletten mit eingebauter Urinanalyse, Automobile messen die Fahrtüchtigkeit ihrer Besitzer. Diagnostik wird ubiquitär verfügbar und Patienten kommen in die Behandlung mit fertigen Befunden.

Lohnt sich da die manuelle Befundung überhaupt noch? Auf Dauer sicherlich nicht und deshalb wird auch in der Klinik die Mustererkennung zur Diagnose bald zu einer Blackbox werden. Wir verlieren dadurch auch hier Kompetenz, aber gleichzeitig gewinnen wir Zeit für die ganzheitliche, multisymptomatische Sicht auf den Patienten.

Roboter für die Therapie

Heutige **Operationsroboter** sind in der Lage, das immer vorhandene Zittern menschlicher Hände herauszufiltern oder Organbewegungen für den Chirurgen auszugleichen. Bewegungen lebender Organe können visuell eingefroren werden. Dadurch wird es viel einfacher, ein schlagendes Herz zu behandeln: Die Instrumente des Operationsroboters folgen der Bewegung des Herzens, während der Chirurg auf dem Monitor ein stehendes Herz sieht.

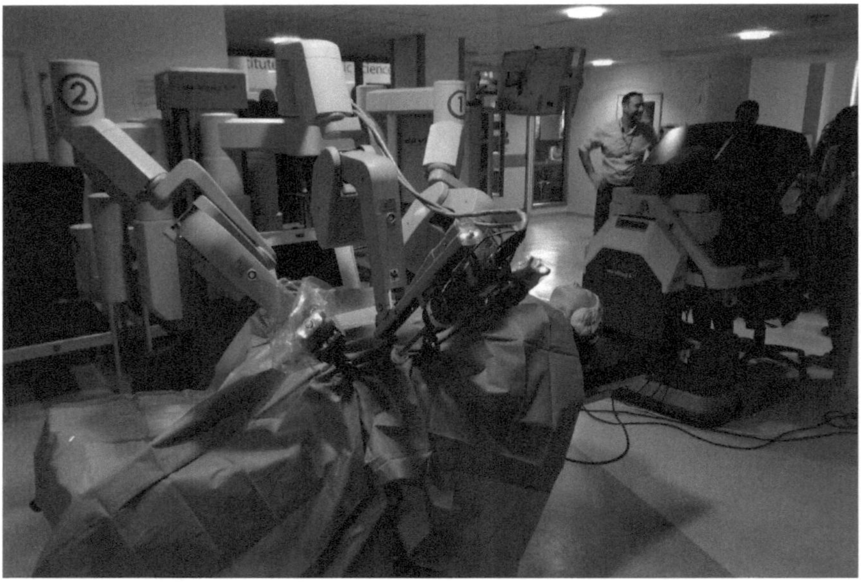

Abb. 9: OP-Roboter bei der Arbeit

Die Chancen, den Prozess einer Operation durch eine KI steuern zu lassen, sind zumindest bei leichteren Eingriffen günstig. Beim Einsatz eines

Operationsroboters sieht der Chirurg das Operationsfeld nicht mehr mit eigenen Augen, sondern durch die Stereokamera des Roboters. Alle Operationen werden mit einem OP-Bericht abgeschlossen, in dem die Art der Operation, der Erfolg und eventuelle Begleitumstände festgehalten werden. Ideale Voraussetzungen also für **maschinelles Lernen**, denn die digitalen Schnittstellen sind vorhanden. Wenn nur genügend digitale Operationsprotokolle (Videos, Berichte, Tabellen usw.) zur Verfügung stehen, sollte es möglich sein, einen selbstoperierenden **Operationsroboter** zu bauen und zu trainieren.

Der chirurgische Bereich scheint für eine Optimierung durch KI besonders geeignet: Die Arbeit im Operationssaal ist körperlich anstrengend und ermüdend, teilweise gefährlich (Röntgenstrahlen) und manchmal sind die Hände der Chirurgen zu groß (endoskopische Operationen). Außerdem sollte die Arbeit möglichst immer mit der gleichen Präzision ausgeführt werden, was kein Mensch garantieren kann. Hier bietet die Robotik viele Vorteile: Eine Maschine kann eine Aufgabe immer mit der gleichen Präzision ausführen, egal wie anstrengend und ermüdend sie ist.

Der Bedarf ist nicht zu unterschätzen. Es gibt exotische Anwendungsszenarien, z. B. in der Raumfahrt. Bei einem Flug zum Mars wären telemedizinische Systeme wegen der Zeitverzögerung durch die große Entfernung nur begrenzt einsetzbar. Auch im militärischen Bereich oder in der Entwicklungshilfe könnte eine relativ kompakte Maschine mit begrenzten Fähigkeiten einen enormen Bedarf decken.

Es muss nicht gleich die komplette Operation sein, die unter der Ägide einer KI durchgeführt wird. Kleinere und gut abgrenzbare Teilaufgaben sind leichter zu realisieren und wären ein guter Einstieg. Zum Beispiel könnte eine Hautnaht von einer Maschine viel gleichmäßiger und schneller ausgeführt werden als von einem Menschen. Für die Präparation des großen Röhrenknochens des Beins im Rahmen einer Hüftgelenksoperation gab es sogar schon einen Roboter, der die notwendige konische Bohrung präzise ausführte (***RoboDoc***). Allerdings waren Sensorik und Steuerung damals noch nicht weit genug entwickelt, so dass die Maschine nicht selten erhebliche Schäden im Weichteilbereich verursachte. Es war eben eine „dumme" Mechanik ohne Lernfähigkeit.

Die Hauptvorteile eines KI-Einsatzes im OP sind **Wiederholbarkeit** und **Kosteneffizienz**. Ein Operationsroboter wird nicht die Fähigkeiten der besten Chirurgen erreichen, aber er kann einfachere Operationen mit gleichbleibender Präzision durchführen.

Der Graue Star ist weltweit die häufigste Ursache für Erblindung, obwohl er relativ einfach operativ behandelt werden kann. Dass dies nicht geschieht, liegt an den Kosten, die in vielen Ländern nicht aufgebracht werden können. Es gibt Ansätze von spezialisierten Kliniken in Entwicklungsländern, die durch eine Art Fließbandarbeit, bei der die Patienten buchstäblich auf einem Band liegen, die Kosten für eine solche Operation unter 25 US-Dollar gedrückt haben. Der Einsatz von KI-gesteuerter Robotik hat das Potenzial, zur Beseitigung dieser Geißel der Menschheit beizutragen.

Eine gute Nachricht

Für alle Ärztinnen und Ärzte, die sich bisher stundenlang mit der abrechnungstechnischen **Kodierung** von Diagnosen und Leistungen beschäftigt haben, habe ich eine gute Nachricht: Das alles wird in Zukunft nicht mehr nötig sein. Selbstverständlich werden auch künftig Krankheitsverläufe genau dokumentiert werden müssen. Dazu gehören notwendige Berichte wie:

- Krankenakten
- Arztbriefe
- Übergabeprotokolle
- Ein- und Überweisungen
- Medikations- und Verlaufsbögen

Aber hier kommt die Berichtspflicht hinzu, die von den Kostenträgern verlangt wird, bevor Geld fließt. Der Aufwand dafür ist in den letzten Jahren stetig gestiegen, obwohl diese Art der Dokumentation eigentlich nichts zur Genesung der Patienten beiträgt.

In deutschen Krankenhäusern müssen Diagnosen und Leistungen für gesetzlich versicherte Patienten nicht nur genau erfasst, sondern auch aufwendig verschlüsselt werden. Dazu gibt es zwei einheitliche Kataloge, den **ICD-Katalog** und den **OPS-Katalog**. Diese beiden Kataloge sind in ihrer Differenzierung sehr kleinteilig: Beim Krankheitsbild „Herzinfarkt“ gibt es über 40 Wahlmöglichkeiten, die akribisch unterschieden werden müssen. Wer hier schludert, bekommt weniger Geld oder hat im schlimmsten Fall eine Klage der Versicherung am Hals. Denn diese Katalogeinträge sind neben einigen anderen Merkmalen, wie z. B. der Dauer der Erkrankung, die Grundlage für die Abrechnung.

Man kann sich leicht vorstellen, dass diese eigentlich berufsfremde **Kodierarbeit** nicht gerade geliebt wird. In anderen Ländern gibt es manchmal Kodierassistenten, bei uns kann eventuell die Abrechnungsbeauftragte helfen, aber es bleibt arbeitsintensiv und lästig. Ein durchschnittlicher Stationsarzt verbringt immerhin fast fünf Stunden pro Woche mit dieser Aufgabe, wie ich aus eigener Erfahrung weiß.

Wenn die Dokumentation komplett digital vorliegt, kann eine **KI** diese Aufgabe übernehmen. Die Tätigkeit ist ja nicht kreativ, sondern besteht nur aus dem Extrahieren von Informationen, die schon da sind. **ChatGPT** kann das auch. Ich habe es Ende 2022 getestet und das Ergebnis hat mich beeindruckt. Der Bot hat die Diagnosen nicht nur genannt, sondern auch kodiert, und das fehlerfrei. Inzwischen haben die Entwickler von OpenAI, wie so oft, eine Sperre eingebaut. Es ist aber immer noch möglich, Diagnosen aus einem Brief zu extrahieren.

Bitte machen Sie das Folgende nur nach, wenn Sie wie ich ein Dokument zur Verfügung haben, das keinen realen Patienten zum Hintergrund hat. Es ist aus Datenschutzgründen nicht erlaubt, echte Arztbriefe oder Ähnliches an ChatGPT zu übermitteln.

Beispiel | ChatGPT-Session, durchgeführt am 22.01.2024

▸ „Hallo ChatGPT."
▹ „Wie kann ich Ihnen helfen?"
▸ „Hier ein Arztbrief für dich:
Sehr geehrter Herr Kollege Dr. S.,
im Rahmen eines Notfalleinsatzes behandelten wir Ihre Patientin F. F. vom 20.09.2017 (03:00 Uhr) bis zum 24.09.2017 (Tag der Entlassung). Der Erstbefund zeigte: 78-jährige Patientin, ansprechbar und allseits voll orientiert, GCS 15, blass, bradykarder, unregelmäßiger Puls, gut palpabel, Herzfrequenz um 50 – 60/min, RR 140/90 mm Hg,SaO2 94 % unter Raumluft, Lunge auskultatorisch unauffällig.
Pupillen gleichmäßig, CT Schädel und MRT Ellbogen wegen Sturzlokation unauffällig, ebenso EEG. Abschürfungsläsion am rechten Ellenbogen, diese wurde desinfiziert und versorgt.
Noch in der Nacht der Aufnahme führten wir ein EKG durch: Regelmäßige Vorhofaktion mit einer Frequenz von 67/min. Teilweise nahm die PQ-Zeit zu, bis eine Überleitung ausfällt. Dies setzte sich in der unteren

EKG-Ableitung fort. Es handelte sich um einen durchgängigen AVBlock II Typ Wenckebach, wie die AV-Überleitungszeit zeigte.
Da die Indikation für eine Schrittmacher-Implementation vorlag, wurde die Patientin am 21.9. Für die OP vorbereitet (großes Blutbild, Rö-Thorax); am 22.9. legten wir einen subpektoralen Schrittmacher mit Aorten-Elektrode. Die Röntgenkontrolle zeigte die korrekte Lage der Elektrode. Die Patientin konnte darauf komplikationslos auf die Normalstation verlegt werden.
Verbandswechsel am 23.9., dabei Rücksprache mit der Patientin wegen eines Diabetes mellitus Typ II, der durch eine erneute Messung belegt wurde. Die Patientin stimmte einer Behandlung mit Diabetes zu und wegen eines freigewordenen Termins konnte die Einweisung durch die diabetologische Fachkraft noch am Tag der Entlassung durchgeführt werden. Einstellung mit 10E Basalinsulin dreimal täglich.
Wir bitten um Korrektur der Dosis im Verlauf der Nachbehandlung.
Mit freundlichen Grüßen, (…)“

▹ <ChatGPT wiederholt den Arztbrief>

▸ „Bitte nenne mir die Diagnosen“

▹ „Basierend auf den Informationen im Arztbrief können die folgenden vorläufigen Diagnosen abgeleitet werden:

- AV-Block II Typ Wenckebach:
Der Arztbericht weist auf einen durchgängigen AV-Block II Typ Wenckebach hin, der eine Indikation für die Implantation eines Schrittmachers darstellte.

- Bradykardie mit unregelmäßigem Puls:
Die Beschreibung eines bradykarden, unregelmäßigen Pulses deutet auf eine langsame und unregelmäßige Herzfrequenz hin, was möglicherweise mit dem AV-Block in Verbindung steht.

- Sturz mit Abschürfungsläsion am rechten Ellenbogen:
Die Patientin wurde nach einem Sturz mit einer Abschürfungsläsion am rechten Ellenbogen behandelt.

- Diabetes mellitus Typ II:
Während des Verbandswechsels wurde ein Diabetes mellitus Typ II diagnostiziert, was zu einer Behandlung mit Basalinsulin führte.
Es ist wichtig zu beachten, dass diese vorläufigen Diagnosen auf den bereitgestellten Informationen beruhen, und es wäre ratsam, die endgültigen Diagnosen und Behandlungspläne mit dem behandelnden Arzt zu besprechen.“

Die KI kann uns bei lästigen und zeitraubenden Dokumentationsarbeiten entlasten. Ärztinnen haben wieder mehr Zeit für ihre Patienten und sind nicht gezwungen, mehrere Stunden pro Woche Daten zu kodieren, die ausschließlich der Abrechnung dienen. Die verpflichtende Einführung einer maschinellen Abrechnungsdokumentation würde zudem zu höherer Abrechnungsgerechtigkeit beitragen.

Es wird einige Zeit dauern, bis die Hersteller von Praxis- und Krankenhausinformationssystemen ein entsprechendes Sprachmodell so in ihre Produkte integrieren, dass es datenschutzkonform eingesetzt werden kann, aber es wird kommen.

Chancen und Risiken

In diesem Abschnitt zu Chancen und Risiken, der sich auch in den folgenden vier Kapiteln wiederfindet, wird auf die spezifischen Chancen und Risiken der betrachteten Methoden eingegangen. Dies ist nicht so zu verstehen, dass diese ausschließlich für die einzelnen Bereiche gelten. Eine Entlastung des Personals durch KI wird beispielsweise nicht nur in der Pflege möglich sein. Dort ist sie aber ein wesentlicher Vorteil, weshalb ich sie dort behandle.

In der **Medizin** bestehen gute Chancen, dass der Einsatz von KI zu einer ***Erhöhung der Behandlungsqualität*** führt.

Der Grund dafür liegt in der Komplexität der Materie. Mit zunehmendem medizinischem Fortschritt ist kaum noch jemand in der Lage, alle Krankheitsbilder, ihre Diagnostik und die damit verbundenen Therapien zu verstehen. Die zunehmende Aufsplitterung in Fachdisziplinen ist eine Folge dieser Entwicklung. Sie hat aber den gravierenden Nachteil, dass es zwischen zwei verwandten Gebieten oft zu erheblichen Kommunikationsproblemen kommt. **KI** mit ihrer nahezu unbegrenzten Aufnahmekapazität kann nützlich sein, sei es in der **Diagnostik** (Assistenzsysteme, Radiologie), **Therapie** (OP-Robotik) oder in der **Verwaltung**.

Dem stehen Risiken gegenüber. Was bedeutet zum Beispiel die KI-gestützte Kodierung für die Dokumentationsassistenten? Sie werden weiterhin gebraucht, aber nicht mehr in der gleichen Anzahl.

Der Verlust von **Arbeitsplätzen** ist eine natürliche Folge des Einsatzes von KI. In einigen Berufen werden weniger Menschen gebraucht, einige Berufe werden vielleicht ganz verschwinden. Es wird neue Jobs geben, aber ich bin sicher, dass diese den Verlust nicht ausgleichen werden. Experten gehen davon aus, dass über alle Branchen hinweg 40 Prozent der Berufe betroffen sein werden, und ich halte diese Zahl für realistisch.

Aber das ist noch nicht alles. Ein **DNN** wird mit klassifizierten Daten trainiert. Er funktioniert dann dort, wo die Eingabedaten am besten mit den Trainingsdaten übereinstimmen. Das kann ein Problem sein, weil Menschen sich zum Teil unterscheiden, und zwar durchaus auch zwischen verschiedenen Ethnien.

Eine radiologische KI wird bei der Bevölkerung der westliche Welt bessere Ergebnisse erzielen, wenn sie hauptsächlich mit Daten von Menschen aus dieser Welt trainiert wurde. Dies ist sicherlich der Fall, da dort derzeit die meisten Daten generiert werden. Niemand kann sagen, wie sich die Anwendung einer solchen KI auf Patientinnen in anderen Ländern auswirken wird, aber ein Effekt ist zu erwarten.

Eine weitere Folge betrifft die menschliche Kompetenz. Was passiert, wenn ein KI-System routinemäßig Patientendaten nach Verdachtsfällen filtert und diese markiert? Wenn die Korrektheit der Darstellung hoch genug ist, wird sich die Aufmerksamkeit der Ärzte fast ausschließlich auf die markierten Bereiche richten, das ist menschlich. Wer untersucht heute noch jedes Wort eines Textes auf Rechtschreibfehler, wenn die automatische Korrektur alles so schön markiert? Wer rechnet mit Papier und Bleistift nach, was der Taschenrechner oder die Rechner-App auf dem Smartphone ausgibt? Wohl kaum jemand.

Mit dem flächendeckenden Einsatz von technischen Hilfsmitteln geben wir Kompetenzen aus der Hand. Das Textverarbeitungsprogramm bestimmt, welche Formulierung ‚richtig' ist. Der Taschenrechner bestimmt die Ergebnisse, nicht irgendwelche Rechenregeln. Das lässt sich nicht wegdiskutieren: Medizinische KI-Systeme werden ärztliche Kompetenz kosten. Je besser sie sind, desto mehr.

Andererseits ist ein **KI-Assistent** nur so gut wie sein Training. Eine fälschlicherweise nicht erkannte Konstellation wird nicht registriert. Unter der Annahme, dass die Kliniker vor allem auf die Labels achten, wird sich der Fehler wiederholen und schließlich verfestigen. Die KI lernt aus den Fällen und wird sich immer „sicherer", dass dieses – eigentlich auffällige – Datenmuster als normal angesehen wird.

Die Anwendung von KI in der **Medizin** kann im schlechtesten Fall dazu führen, dass fehlerhafte Annahmen faktisch in den klinischen Alltag übernommen werden.

Nun könnte man einwenden, dass Ärzte eben alle Ausgaben einer KI genau überprüfen müssen. Aber dazu dürfte im klinischen Alltag nicht nur kaum jemand Zeit haben. Es ist vielleicht auch gar nicht möglich. Denn klinisches Wissen entsteht in der Praxis, und genau diese Praxis wird in bestimmten Anwendungsfällen von der KI übernommen. Es ist ein Irrglaube, dass dem durch intensives **Training** entgegengewirkt werden könnte. Auch die beste Ausbildung kann Erfahrung nicht ersetzen, die nur durch ständige Praxis erworben werden kann.

Zusammenfassung

Anwendungen

- Assistenzsysteme
- Diagnostik bei bildgebenden Verfahren
- weitere klinische Diagnostik
- KI-gesteuerte Robotik
- abrechnungsrelevante Dokumentation

Chancen

- Erhöhung der Effizienz

Risiken

- Verlust von Arbeitsplätzen
- Abhängigkeit von Trainingsdaten (Ethnien!)
- Kompetenzverlust beim Menschen
- Verstetigung von fehlerhaften Ergebnissen

Kapitel 6 | Einsatz in der Pflege

Die **Pflege** als Disziplin ist viel näher am Patienten als die Medizin. Denn die Medizin hat die Krankheit im Fokus, die Pflege kümmert sich um den Menschen. Deshalb muss die Frage erlaubt sein, ob eine **Digitalisierung** der Pflege überhaupt sinnvoll ist. Ich war in den letzten Jahren auf vielen Pflegekongressen, auf denen das sehr unterschiedlich diskutiert wurde. Es gab aber immer einen hohen Anteil von Pflegenden, die den verstärkten Einsatz von Technik ablehnten. Es wird immer wieder argumentiert, dass der Kontakt zum Menschen abnimmt, die Qualität der Pflege leidet und ein übermäßiger Technikeinsatz generell nicht zum Beruf passt. Dem kann ich teilweise zustimmen.

Ein besonderer Beruf

Der beste Ansprechpartner für den Menschen ist der Mensch, und das wird sich auch in Zukunft nicht ändern. Auch ich lasse mich lieber von einem Menschen betreuen als von einer Maschine. Allerdings mache ich eine Einschränkung, die ich vielleicht nicht mit allen teile. Wenn eine Behandlung für den Pflegenden sehr anstrengend oder gar gesundheitsschädlich ist, würde ich eine Alternative vorziehen, bei der der Pflegende keinen Schaden nimmt.

Solche Situationen sind in der Pflege leider gar nicht so selten. Viele Tätigkeiten, wie das notwendige Umlagern von bettlägerigen Patientinnen, belasten die Wirbelsäule. Eine aufwendige Mobilisation von sonst geschädigten Gelenken, zum Beispiel nach einem Schlaganfall, ist zumindest schweißtreibend. Es gibt auch unangenehme Aufgaben, bei denen ich mich schämen würde, einen Menschen damit zu belasten, etwa bei der Intimpflege.

Unabhängig davon ist die Personalsituation in der Pflege in den modernen Industriestaaten (und zunehmend nicht nur dort) kritisch und wird es wohl auch bleiben. Es gibt kaum noch Großfamilien, die sich um Alte und Kranke kümmern können, gleichzeitig steigt der Anteil älterer und damit potenziell pflegebedürftiger Menschen. Wie in anderen Ländern gibt es auch in Deutschland einen gravierenden Mangel an Pflegekräften.

Der sich abzeichnenden Entwicklung eines regelrechten **Pflegenotstandes** kann nur entgegengewirkt werden, wenn es gelingt, zumindest einen der Faktoren **Arbeitsbelastung**, **Attraktivität** und **Arbeitskräftemangel** entscheidend positiv zu beeinflussen.

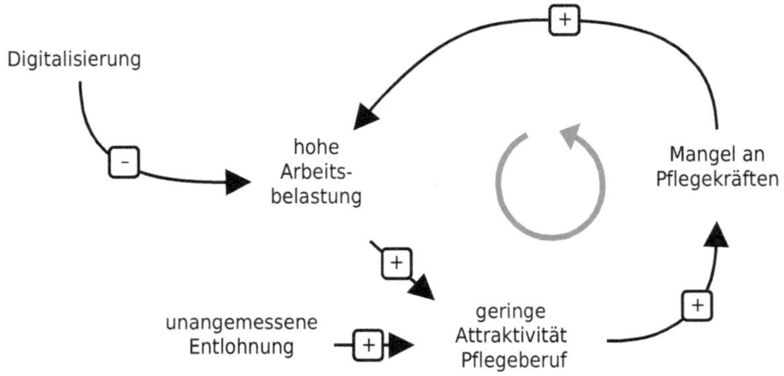

Abb. 10: Abhängigkeiten der Personalsituation in der Pflege

Dem **Personalmangel** wird teilweise mit mäßigem Erfolg durch gezielte Anwerbung von Pflegekräften aus dem Ausland begegnet. Anderen Ansätzen, wie z. B. der Erhöhung der Vergütung, sind enge Grenzen gesetzt. Befragt man die Pflegekräfte selbst, so würden sie übrigens bessere Arbeitsbedingungen einer besseren Bezahlung vorziehen[12].

Es ist sehr wahrscheinlich, dass die **Arbeitsbelastung** durch den Einsatz von **KI** und **Digitalisierung** deutlich reduziert werden kann. KI könnte auch bei den berufsfremden Tätigkeiten entlasten, die mindestens ein Drittel der Arbeitszeit in der Pflege ausmachen, zum Beispiel bei Verwaltungs- oder Dokumentationstätigkeiten.

Darüber hinaus, und das wird oft übersehen, kann ein modernes und effizientes Arbeitsumfeld dazu beitragen, die Attraktivität des Berufsbildes zu steigern. Eine zeitgemäße Ausstattung erhöht die Motivation und gerade hier besteht in den Pflegeberufen Nachholbedarf.

12 Laut einer Befragung der Vereinigung der bayerischen Wirtschaft vbw: „Zukunft der Pflege in Bayern – eine Big Date Analyse der Herausforderungen und Chancen“ (2020); online unter: https://www.wifor.com/uploads/2020/06/Studie-Pflegelandschaft_Juni-2020.pdf.

Ich möchte nicht von jemandem gepflegt werden, der den Beruf nur wegen des Geldes gewählt hat. Pflege und Medizin, das sind verantwortungsvolle Berufe, die entsprechende Menschen brauchen. Es ist ein Unterschied, ob jemand an einem Auto schraubt oder Patienten behandelt. Fehler passieren in beiden Berufen, aber in der Medizin und in der Pflege haben sie Folgen, die oft weit über den wirtschaftlichen Schaden hinausgehen.

Für die Patienten ist es eine Ausnahmesituation, die Angehörigen der Gesundheitsberufe erleben diese besondere Belastung täglich. Nicht jeder ist dem gewachsen und ich möchte nicht, dass hier nur äußere Rahmenbedingungen zu einer Berufsentscheidung führen. Der Pflegeberuf ist ein besonderer Beruf, für den sich nur wenige Menschen eignen.

In unserer Gesellschaft verschiebt sich der Altersdurchschnitt nach oben und so ist es ganz natürlich, dass immer weniger Pflegekräfte immer mehr Patientinnen gegenüberstehen. Ziel muss es daher sein, die Effizienz der Pflege zu verbessern, ohne dass die Qualität der Pflege wesentlich leidet. Wir müssen das Pflegepersonal dort entlasten, wo es machbar ist, ohne den Charakter der Pflege zu verändern. Unter diesen Voraussetzungen kann der Einsatz von KI sinnvoll sein. Denn es gibt einige Möglichkeiten.

Kampf der Vereinsamung

Eines der Hauptprobleme pflegebedürftiger Menschen ist die damit verbundene Einsamkeit, d. h. der Verlust von Kontakten. Jeder, der schon einmal in der Pflege gearbeitet hat, kennt das Problem: Nicht selten hat der Pflegebedürftige nur noch einen Ansprechpartner und das ist die Pflegekraft.

Die Pflegenden wissen das und versuchen im Rahmen ihrer Möglichkeiten, dem gerecht zu werden. Ein kleines Schwätzchen ist immer drin, oft genügt auch Hilfe beim Ausfüllen von Behördenformularen oder bei notwendigen Besorgungen. Aber dadurch steigt der Arbeitsdruck in der Pflege weiter, obwohl er eigentlich abnehmen sollte.

Abhilfe ist möglich. Schon das Internet ist ein Segen für viele, die notgedrungen ans Haus oder gar ans Bett gefesselt sind. Vor 30 Jahren haben wir an der Universität einen Beratungsserver für Rheumakranke eingerichtet. Mein damaliger Chef meinte dazu lapidar: „Alte, Kranke und Internet passen nicht zusammen. Das wird kein großer Erfolg."

Er hatte Unrecht, denn unser Server brach schon in der dritten Woche unter dem Ansturm der Anfragen zusammen. Damals war das Internet eher ein Tummelplatz für Computerfreaks. Womit wir nicht gerechnet hatten: Die meisten Fragen kamen von den Enkelinnen der Betroffenen, die Hilfe für die Erkrankung ihrer Großeltern suchten.

Heute nutzen viele Pflegebedürftige das Internet selbst, um sich zu informieren, oder einfach nur zur Unterhaltung. Ich kann mir gut vorstellen, dass auch soziale Netzwerke, die sich auf dieses Thema spezialisieren, ein großer Erfolg werden können.

Können oder sollen KI-gesteuerte Chatbots Gesprächspartner für Kranke und Ältere sein? Bevor Sie jetzt den Kopf schütteln: Ist es besser, diese Menschen allein zu lassen, wie es heute manchmal der Fall ist?

Ein handlicher Roboter, der kleine Aufgaben wie Staubsaugen oder Telefonieren übernimmt und dabei die Möglichkeit zur natürlichen Kommunikation per Sprache bietet? Warum nicht? Ein solcher persönlicher Roboter kann auch niedrigschwellige Kommunikationsmöglichkeiten bieten und so den Kontakt zu anderen Menschen erleichtern. Videokonferenzen sind schon heute für viele Menschen ein gangbarer Weg, um mit Freunden und Verwandten über große Entfernungen in Kontakt zu bleiben. Wenn dies durch ein technisches System auch für bettlägerige Patienten erleichtert wird, ist dagegen nichts einzuwenden.

Es ist möglich, aus alten Fotos einen Film von einem Spaziergang durch eine Stadt zu rekonstruieren, die es gar nicht mehr gibt. Gut möglich, dass gerade Menschen mit degenerativen Hirnerkrankungen solche „Ausflüge" genießen.

Natürlich bleibt ein ungutes Gefühl, denn die dargestellte Umgebung existiert nicht mehr und es kann nicht in unserem Interesse sein, ältere Menschen einer künstlichen Traumwelt zu überlassen. Aber ich zweifle nicht daran, dass KI-gesteuerte Ausflüge in virtuelle Realitäten in Zukunft zum Repertoire eines jeden gehören werden.

Letztlich ist ja auch das Lesen eines Buches oder das Anschauen eines Films ein solcher Ausflug, wenn auch mit geringerer Intensität. Wir müssen nur aufpassen, dass die Menschen nicht den Bezug zur Realität verlieren. Das gilt aber ganz allgemein, nicht nur für Pflegebedürftige.

Wir haben an der Hochschule einige Versuche mit Therapierobotern gemacht, die es auf dem Markt gibt. Das sind Maschinen, die Tieren nachempfunden sind und zumindest ähnliche Verhaltensweisen zeigen.

Am bekanntesten ist die Pflegerobbe namens ***Paro***, deren Charme sich kaum jemand entziehen kann. Das Ding schlägt die Augen auf, gibt Geräusche von sich, wenn man es am Fell krault, und ist auch sonst einfach knuddelig. Der Stecker für das Ladegerät ist wie ein Schnuller geformt; steckt man ihn ins Maul, wird Paro aufgeladen. Einen Nachteil hat der Roboter: Er ist mit rund 6.000 Euro relativ teuer. Ganz anders die **Pflegekatze**, die viel günstiger ist und sogar ein zweites, waschbares Fell hat. Sie kann viel weniger, hauptsächlich bewegt sie ihren Brustkorb und miaut ab und zu. Aber dafür hält die Batterie mindestens 24 Stunden durch.

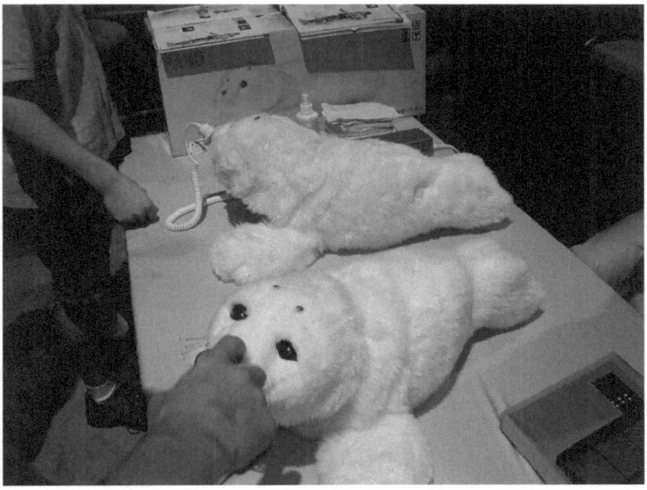

Abb. 11: Therapieroboter Paro

Wir haben die beiden mechanischen Tiere im Rahmen einer kleinen Arbeit mit Menschen getestet, die an fortgeschrittener Demenz leiden. Die Betroffenen haben beide Roboter sehr gut angenommen, interessanterweise war die Pflegekatze sogar noch erfolgreicher.

Das liegt am **Scary-Effekt**: Je detailgetreuer eine Maschine ein natürliches Wesen nachahmt, desto unheimlicher kann sie auf Menschen wirken. Fans von Filmen wie *Gremlins* werden mir zustimmen.

Alle Patientinnen und Patienten, die mit Therapierobotern betreut wurden, verhielten sich ruhiger und waren auch zufriedener. Gerade bei Demenzkranken ist das ein wesentlicher Faktor zur Entlastung der Pflegenden. Zugegeben, es sind einfache Maschinen fast ohne eigene Intelligenz. Aber unsere kleine Beobachtung hat gezeigt, dass zumindest die Patienten damit kein Problem haben.

Roboter für die Therapie

In einer ganz anderen Liga spielen **Therapieroboter**, über die immer wieder in Zeitschriften und anderen Medien berichtet wird: Mobile Geräte, die das Heben und Bewegen von Patienten erleichtern sollen. Das sind massive **Maschinen**, die über die nötige Stabilität verfügen, entsprechend teuer sind und von denen zumindest potenziell eine Verletzungsgefahr ausgeht.

Ich habe ehrlich gesagt noch nie einen solchen Roboter im Routineeinsatz gesehen. Es gibt viele Ankündigungen und Firmenpräsentationen und es wird immer wieder berichtet, dass diese Geräte in fortschrittlichen Ländern wie Japan im Einsatz sind. Ich vermute, dass diese Berichte nicht ganz der Realität entsprechen.

Im Rahmen einer Forschungskooperation hatte ich vor einigen Monaten Kontakt mit dortigen Ärzten aus drei großen japanischen Kliniken. Zumindest diese drei haben meine Vermutung bestätigt: Sie haben keine dieser Monstermaschinen im täglichen Einsatz. Kein Wunder. Wer will schon mit einer schweren Maschine durch die Gänge fahren, die ständig beladen werden muss, die potenziell gefährlich ist und vor der die Patienten Angst haben?

Die maschinelle Unterstützung von **Rehabilitationsmaßnahmen** kann jedoch sehr nützlich sein. Es gibt Roboter, die an ein Patientenbett geschnallt oder auf einen Stuhl montiert werden und das Training von Gliedmaßen unterstützen, wie es zum Beispiel bei Schlaganfallpatienten notwendig ist. Denn diese Patienten haben nach der Therapie oft mehr Probleme mit den lange nicht genutzten Gelenken als mit dem eigentlichen Muskelaufbau.

Die manuelle Behandlung ist für die Physiotherapeuten aufwendig und schweißtreibend, warum hier nicht unterstützen? Intelligente Behandlungsliegen, die je nach Krankheitsbild eine individuelle Therapie anbieten, kann ich mir auch für den privaten Bereich gut vorstellen.

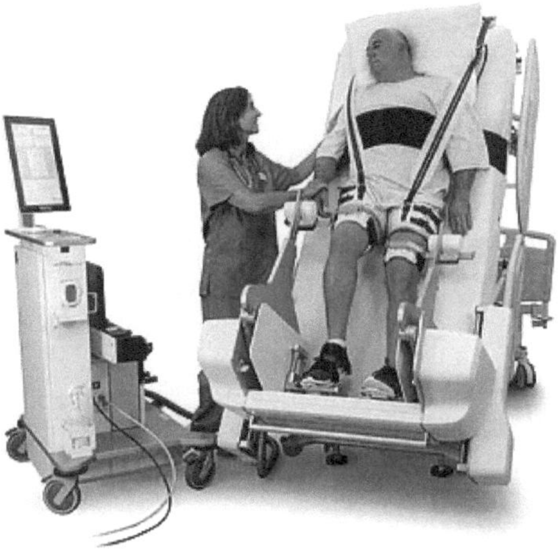

Abb. 12: Therapie-Roboter

In den skandinavischen Ländern werden **Waschboxen** entwickelt, die den ganzen menschlichen Körper von oben bis unten reinigen. Dabei handelt es sich um Kisten mit einer Kantenlänge von knapp zwei Metern, in die ein Stuhl mit der Patientin geschoben wird. Dann schließt sich die Klappe und die Reinigung beginnt. Das klingt verdächtig nach Geschirrspülmaschine, kommt aber in der Praxis gut an. In Studien berichten die Probanden, dass es zwar etwas unheimlich sei, mit dem waschenden Roboterarm allein in einer beleuchteten Box zu sein (es läuft Entspannungsmusik), aber das Reinigungsergebnis sei einwandfrei.

Es ist sicher nicht jedermanns Sache, aber es gibt Menschen, die sich nicht gerne von einer anderen Person waschen lassen. Hier hätte die „Patientenwaschanlage" einen Heimvorteil. Die Technik sorgt für Unabhängigkeit und das ist ein klarer Pluspunkt.

Unterstützte Selbstständigkeit

Es ist ein grundlegendes Ziel der **Altenpflege**, dass ältere Menschen so lange wie möglich zu Hause bleiben können. Es ist leicht einzusehen, dass die Betroffenen zu Hause glücklicher sind als in einem Heim, aber das ist nicht der einzige Grund. Die **Heimunterbringung**, insbesondere von Menschen mit schweren körperlichen Behinderungen, stellt für jedes **Gesundheits-**

system eine große finanzielle Belastung dar. Wenn der Zeitpunkt, an dem dies notwendig wird, mit technischen Mitteln hinausgezögert werden kann, entsteht eine Win-Win-Situation.

Hausautomatisierungssysteme können dazu beitragen, dass ältere und pflegebedürftige Menschen länger in ihrer häuslichen Umgebung bleiben können. Es gibt bereits einige Systeme, wie z. B. Fußböden, die Stürze erkennen können oder Toiletten, die automatisch den Zuckergehalt im Urin messen. Die ***DeinHaus4.0-Projekte*** machen es vor: Intelligente Inneneinrichtungen können für Sicherheit sorgen, ohne die Privatsphäre zu stören.

Noch ist das alles teuer und im Entwicklungsstadium, aber warum sollte mich meine Wohnung nicht warnen, wenn ich versehentlich den Herd angelassen habe? Ein wirklich altersgerechtes Haus mit integrierter **KI** sollte in der Lage sein, mit seinen Bewohnern zu kommunizieren und sie zu unterstützen.

Beispiele:

- **Automatisierung** von Routinetätigkeiten wie Reinigungsarbeiten, Zubereitung von Mahlzeiten oder Hilfe beim Einkauf.
- **Unterstützung** bei der Mobilität durch Anbieten von Hilfe beim Gehen, Treppensteigen oder Heben von Gegenständen.
- **Notfallerkennung**
- Unterstützung bei der regelmäßigen Medikamenteneinnahme durch **Apps** und Dispersionsgeräte.
- **Telemedizin**, die gerade in ländlichen Gebieten zu einer engmaschigen Behandlung beitragen kann.
- **Medizinische Wearables**, die am Körper getragen werden und laufend den Gesundheitszustand der Bewohner registrieren.

KI für Angehörige

Es ist immer interessant, auf einer Veranstaltung zu sein, bei der nicht nur Wissenschaftlerinnen anwesend sind, sondern auch Personen aus der täglichen Praxis. 2023 habe ich an einer solchen Veranstaltung zur Digitalisierung der Pflege teilgenommen. Das Besondere war, dass auch viele pflegende Angehörige anwesend waren.

Eine Rednerin hatte eine interessante Idee: Sie sagte, dass sie in ihrer Situation gerne einen anonymen Ansprechpartner hätte. Sie begründete dies damit, dass sie über eine solche Möglichkeit eine unvoreingenommene Reaktion erwarte. Egal an wen sich eine pflegende Person wendet, es sind immer Partikularinteressen im Spiel. Ich unterstelle hier niemandem böse Absichten, es ist einfach so, dass es viele Abhängigkeiten gibt.

Man kann sich auch vorstellen, dass es einem Angehörigen einfach peinlich ist, über bestimmte Dinge offen zu sprechen. Davon könnte eine KI befreien, auch wenn ich weiß, dass das in der Praxis schwer umsetzbar sein wird. Dennoch könnte eine **KI** prinzipiell ein geeigneter Gesprächspartner und unvoreingenommener Ratgeber für pflegende Angehörige sein.

Chancen und Risiken

Die Pflege ist eines der wenigen Berufsfelder, in denen trotz des Einsatzes von KI keine Arbeitsplatzverluste zu erwarten sind. Zu groß ist der Personalmangel.

Das Hauptziel des Einsatzes von AI ist die **Entlastung** des Pflegepersonals. Eine gute Pflege trägt darüber hinaus zu einer deutlichen Verbesserung der Lebensqualität bei, entsprechende Outcome-Veränderungen stellen sich aber erst nach einiger Zeit ein. Qualitätsverbesserungseffekte sind deshalb wahrscheinlich erreichbar, aber schwer nachweisbar.

Neben den im vorigen Kapitel genannten **Risiken**, die mit Einschränkungen auch hier gelten, muss in der Pflege vor allem auf den Schutz der **Autonomie** des Menschen geachtet werden. Es darf nie zu einer Bevormundung der Patienten durch die Technik kommen.

Vor einigen Jahren waren wir mit einer Gruppe deutscher Studierender auf einer Exkursion in Kajaani, einer Stadt in Finnland. An der dortigen Hochschule bildeten wir mit den Studierenden Kleingruppen, die jeweils Fachwissen aus der Medizininformatik, dem Maschinenbau und der Pflegewissenschaft einbrachten. Ziel war es, innerhalb von drei Wochen ein Gerät zu bauen, das Pflegende, Angehörige oder Patienten unterstützt.

Am Ende der Zeit hatte eine der Gruppen ein schönes Gerät gebaut, das nur ein bisschen wie eine Kaffeemaschine aussah. Es bestand aus einem Korpus mit einer Öffnung nach unten und einer Schale darunter. Darin befanden sich eine Aufwickelvorrichtung für kleine Plastiktüten mit Medikamenten und eine Vorrichtung zum Aufschneiden der Tüten.

Täglich zu festgelegten Zeiten setzt sich die Maschine in Bewegung, schneidet eine Tüte auf und lässt die darin enthaltenen Medikamente in eine kleine Schale fallen. Das Ganze wird von einem Gong begleitet. Die Maschine stellt die Medikamente für die Patientinnen bereit und erinnert sie an die Einnahme. Das ist eine schöne Lösung.

Die Gruppe wollte aber noch mehr und baute eine Funktion ein, die immer dann aktiv wird, wenn der Patient die Medikamente nicht innerhalb von 20 Minuten aus der Schale nimmt. In diesem Fall schickt das Gerät eine E-Mail an den Hausarzt. Das ist in meinen Augen eine „elektronische Petze". Der Mensch wird übergangen, seine Autonomie nimmt Schaden, die Maschine entscheidet allein.

Wenn der Verfall des eigenen Körpers wie bei den Studierenden noch in weiter Ferne liegt und die Sorge um die Angehörigen überwiegt, wird Autonomie nicht selten relativiert. Natürlich erfordert Autonomie auch die Fähigkeit, Verantwortung für sich selbst zu übernehmen. Insofern kann bei schwer an Demenz erkrankten Menschen eine Überwachung notwendig sein, an die aber strenge Maßstäbe anzulegen sind.

Wenn ein selbstbestimmter Patient auf die Einnahme seiner Medikamente verzichten will, ist und bleibt das seine eigene Entscheidung. Unabhängig davon, ob er sich dadurch selbst schadet oder nicht. KI-basierte Systeme gefährden die Patientenautonomie, wenn sie ohne Zustimmung des Menschen agieren und keine Möglichkeit zum Abschalten bieten.

Zusammenfassung

Anwendungen

- robotische Assistenzsysteme
- virtuelle Simulationen
- Pflegeroboter
- Therapieroboter
- Roboter zur Unterstützung manueller Therapie
- Hausautomatisierungssysteme
- KI-Beratung für Angehörige

Chancen

- Entlastung des Personals
- Erhöhung der Attraktivität des Pflegeberufs
- Entlastung der Angehörigen

Risiken

- „Entmenschlichung“ der Pflege
- Autonomieverlust für Patienten

Kapitel 7 | Selbstmedikation und Selbstbehandlung

Die Ausgaben für das staatliche Gesundheitswesen steigen von Jahr zu Jahr, zuletzt in Deutschland auf die gewaltige Summe von 498,1 Milliarden Euro im Jahr 2022[13], was 12,9 Prozent des Bruttoinlandsprodukts entspricht. Es ist ein Charakteristikum unseres Gesundheitssystems, dass der Löwenanteil der Kosten für die Behandlung von Krankheiten ausgegeben wird. Das mag vernünftig klingen, und wir finden das auch ganz normal. Aber wir verhalten uns damit wie ein Autofahrer, der sein Fahrzeug ohne Wartung so lange benutzt, bis es nicht mehr fährt. Sie sehen, worauf ich hinaus will: Die **Gesundheitsvorsorge** ist viel zu schwach ausgeprägt, wir müssten ihr viel mehr Aufmerksamkeit widmen.

„Unser Gesundheitssystem ist geprägt von sehr hohen Kosten, einer mittleren Lebenserwartung und einer unzureichenden Präventionsmedizin“[14], so der amtierende Gesundheitsminister. Ich füge hinzu: Unser Gesundheitssystem ist zwar teuer, aber das sollte es uns wert sein. Wir stehen in Europa an der Spitze, aber wir geben pro Kopf bei weitem nicht so viel für die Gesundheit aus wie zum Beispiel die USA.

Es wäre gut, mehr für die **Prävention** zu tun. Eine stärkere Finanzierung der **Präventionsmedizin** ist aber de facto nicht möglich, weil der medizinische Fortschritt kaum noch Einsparungen in anderen Bereichen zulässt. Vielmehr werden die Kosten weiter steigen, weil höhere Löhne im Gesundheitswesen mit negativen demographischen Entwicklungen einhergehen. Wer vorsorgen will, muss sich also selbst helfen. Kein Wunder, dass viele Menschen dabei zunehmend auf digitale Medien zurückgreifen.

Dr. med. KI

Dass Patientinnen und Patienten vor einem Arztbesuch im Internet recherchieren, ist längst Standard. Laut einer Umfrage des Digitalverbands Bitkom tut dies jeder zweite Mann, bei Frauen sind es sogar noch mehr. Diese Zahlen mögen übertrieben sein, aber niedergelassene Ärzte kämpfen täglich mit den zum Teil vorgefassten Meinungen ihrer Patienten zu deren Krankheiten.

---

13 Quelle: http://www.destatis.de, abgerufen am 02.01.2024.
14 Dr. Karl Lauterbach in einer Pressekonferenz des BMG am 04.10.2023.

Wir haben es mit einem Massenphänomen zu tun, das erst am Anfang steht und zunehmend von kommerziellen Interessen gesteuert wird.

In Zukunft werden **KI-Systeme** kräftig mitmischen, denn sie werden es noch einfacher machen, elektronischen Rat einzuholen. Während man bei Google und Co. aktiv suchen muss, um sich zu informieren, reicht bei Chatbots eine einfache Frage.

Beispiel | ChatGPT-Session (durchgeführt am 02.01.2024)

▸ „Ich habe seit zwei Tagen ziemlichen Husten mit eitrigem Auswurf. Zudem habe ich starkes Fieber. Was soll ich tun?“
▹ „Es tut mir leid, dass es dir so schlecht geht! Es klingt nach einer ernsten Infektion, die ärztliche Hilfe erfordern könnte. Es ist wichtig, dass du so schnell wie möglich einen Arzt aufsuchst oder in die Notaufnahme gehst, besonders wenn du starkes Fieber hast und eitrigen Auswurf hustest. Das könnte auf eine bakterielle Infektion der Atemwege hinweisen, die eine angemessene medizinische Behandlung erfordert. Bitte kümmere dich schnellstmöglich um ärztliche Hilfe, um eine angemessene Diagnose und Behandlung zu erhalten.“

Das klingt eigentlich ganz vernünftig. Trotzdem kann es sich selbst unser **ChatGPT**, der sich bei möglichst allen „kniffligen“ Fragen eher zurückhält, nicht verkneifen, eine vorläufige **Diagnose** zu stellen („bakterielle Infektion der Atemwege“). Auch wenn das ziemlich wahrscheinlich ist, würde keine seriöse Ärztin so handeln. Zu groß ist das Risiko, dass sich hinter dem akuten Geschehen eine andere, möglicherweise sehr ernste Erkrankung verbirgt.

Muss ich erwähnen, was passiert, wenn handfeste finanzielle Interessen verfolgt werden? Was ist, wenn die eine oder andere Pharmafirma den Anbieter der KI unterstützt?

Da jeder Chatbot, der auf einem neuronalen Netzwerk basiert, jedes Mal ganz individuell antwortet, wird es kaum möglich sein, einen Verantwortlichen zur Rechenschaft zu ziehen. Es gibt auch kein **Copyright** auf den ausgegebenen Text, da dieser explizit neu formuliert und nicht vorgegeben wurde. Unabhängig davon, dass alle Ausgaben aus den Inhalten der Schulungsdateien gewonnen wurden, sind sie selbst neu formuliert und lehnen sich nur an die vorgegebenen Aussagen an. Die einzige Person, die hier „geistiges Eigentum“ im herkömmlichen Sinne anmelden könnte, wäre die KI selbst, die aber keine juristische Person sein kann.

Es gibt Expertinnen, die davon ausgehen, dass wir den KIs früher oder später so etwas wie eine „rechtsfeste“ Verantwortung übertragen müssen, um überhaupt noch eine Chance zu haben, gegen die gröbsten Verfehlungen vorzugehen.

Unabhängig davon wird der Zugriff auf die **KI** in Zukunft für kranke Menschen so selbstverständlich sein, wie es heute der Zugriff auf das Internet ist. Der Unterschied besteht darin, dass Suchmaschinen zumindest auf Quellen verweisen, die halbwegs nachvollziehbar sind.

Wer sich ein wenig auskennt, sucht ausschließlich nach Primärquellen, also nach Artikeln, die ein für den Inhalt verantwortlicher Wissenschaftler selbst geschrieben hat. Das allein ist noch kein Garant für Aufrichtigkeit, aber es gibt auch anerkannte Qualitätssiegel wie das der ***Cochran Collaboration***. Dieser Zusammenschluss von Wissenschaftlern, Ärzten, Angehörigen der Gesundheitsberufe, Patienten und anderen Experten des Gesundheitswesens bürgt für die hohe Qualität der angebotenen Informationen.

Abb. 13: Siegel der Cochrane Collaboration

All dies wird bei der Befragung einer DNN-basierenden KI nicht mehr möglich sein. Auf die Frage nach Quellen wird die KI zwar welche nennen, aber es ist alles andere als sicher, ob diese tatsächlich die Ursache für die angebotenen Inhalte sind oder ob sie überhaupt existieren. Sie „passen“ lediglich gut zum Text[15]. Über eine Erklärungskomponente in neuronalen

15 Siehe hierzu „Wie ChatGPT funktioniert“.

Netzen müssen wir nicht mehr sprechen, sie existiert in der Regel nicht. Nachforschungen sind aufwendig und werden mit zunehmender Komplexität der KI immer undurchführbarer.

Die dritte Ebene

Neuerdings bieten einige Firmen eine umfassende Analyse genetischen Materials zu günstigen Preisen an. Gegen Einsendung von Körpergewebe (Schleimhautabstrich genügt) erhält man für wenige Euro eine relativ komplexe Analyse des eigenen Erbmaterials.

Dabei kann es sich zum Beispiel um die Ermittlung von Verwandtschaftsverhältnissen handeln („Finden Sie heraus, aus welchen Ländern Ihre Vorfahren stammen") oder um eine Prognose, für welche Krankheiten jemand anfällig ist. Erwartungsgemäß geben die Unternehmen keine Auskunft darüber, woher sie ihre Informationen beziehen und wie genau sie sind. Zu bedenken ist auch, dass genetische Untersuchungen in Deutschland nur von Ärzten veranlasst werden dürfen[16], was die wenigsten Menschen interessiert, wenn sie überhaupt davon wissen.

Das Ganze könnte als nette Spielerei abgetan werden, wenn nicht mehr dahinterstecken würde: Diese Firmen bauen sich auf diese Weise ihre eigenen Gendatenbanken auf. Diese **Daten** könnten in einigen Jahren, wenn die Entschlüsselung der menschlichen Gene (siehe nächstes Kapitel) richtig lukrativ wird, wertvoller sein als Gold.

Transhumanismus

Nicht nur Gesundheitsinformationen sind gefragt, auch die Verbesserung des eigenen Körpers liegt im Trend und nimmt teilweise pathologische Züge an. Erklärtes Ziel der Bewegung ist es, die Unzulänglichkeiten des eigenen Körpers durch entsprechende technische Implantate auszugleichen.

Ray Kurzweil, ein Pionier der KI, hat sich an die Spitze der Bewegung gestellt. Es geht darum, die nächsten 20 bis 25 Jahre zu überbrücken, um dann, wenn es die technischen Möglichkeiten erlauben, als menschlicher **Cyborg** ins ewige Leben einzugehen. Dann nämlich soll es möglich sein, die

16 siehe „Deutsches Gendiagnostikgesetz – GenDG".

eigene Persönlichkeit aus dem Gehirn auszulesen und als Kopie in einem beliebigen **KI-Computer** ablaufen zu lassen.

Da ein Vierteljahrhundert für heutige biologische Menschen kein Pappenstiel ist, vertreibt Kurzweil sinnigerweise eine eigene Serie von Vitamin- und Gesundheitspräparaten. Kurzweil begründet die überschaubare Zeitspanne bis dahin mit der zunehmenden Beschleunigung menschlicher Innovationen[17].

Tatsächlich beschleunigt sich der technologische Fortschritt derzeit, aber wird das angesichts der Bevölkerungsexplosion und der damit verbundenen Probleme so bleiben? Und selbst wenn, so sei Herrn Kurzweil die Lektüre von Roger Penrose empfohlen[18]: Es gibt einen Unterschied zwischen einer noch so perfekten Kopie und dem Original: Wenn ich kopiert werde und dann sterbe, lebt meine Kopie zwar weiter und verhält sich genauso wie ich. Aber ich selbst bin trotzdem tot.

Chancen und Risiken

Die große **Chance** liegt darin, dass die Menschen mündiger werden, d. h. bewusster leben und sich mehr Zeit für ihre Gesundheit nehmen. Wir wissen längst, welchen Einfluss Ernährung und Lebensstil auf den Verlauf des eigenen Lebens haben. **KI** kann dazu beitragen, noch bestehende Barrieren abzubauen und den Zugang zu medizinischem Wissen für alle zu ermöglichen.

Allerdings habe ich bei der Datensammelwut mancher Unternehmen ein eher ungutes Gefühl. Auch wenn einige Einrichtungen des Gesundheitswesens dies noch anders sehen: Die bei einer Untersuchung oder Therapie erhobenen **Daten** sind Eigentum des Patienten und dürfen nur mit seiner ausdrücklichen Zustimmung weitergegeben oder genutzt werden.

Dies gilt für alle offiziellen Institutionen des deutschen Gesundheitswesens. Firmen, die als Dritte irgendwelche Dienste, Programme oder Smartphone-Lösungen anbieten, gehören auf den ersten Blick nicht dazu. Wenn ein Unternehmen eine tolle App anbietet, in die Diabetiker ihre Blutzuckerwerte eintragen können, dann landen diese Daten in der Regel

---

17 Kurzweil R (2020) „Menschheit 2.0: Die Singularität naht“ Lola Books.

18 Penrose R (1991) „Computer Thinking. Des Kaisers neue Kleider oder die Debatte um künstliche Intelligenz, Bewusstsein und die Gesetze der Physik“ Spektrum Verlag.

nicht (nur) auf dem Smartphone des Nutzers, sondern vor allem in der Datenbank des Anbieters.

Meine eigene elektronische Waage, die mir meinen Gewichtsverlauf so schön grafisch auf die Smartwatch überträgt, ist in Wirklichkeit das Werkzeug einer Datenkrake, die die Daten hauptsächlich bei sich speichert und mir nur lästigerweise eine Kopie zugesteht. Nichts anderes machen all die Fitnesstracker, deren Trend etwas nachzulassen scheint.

Das ist ein großes Problem für die Patienten. Denn wer garantiert, dass eine KI, die ich sehenden Auges befrage und die eine einmal gemachte Eingabe nie vergisst, diese nicht zu meinem Nachteil verwendet. Noch ist es nicht so, dass ich nach meinem oben geführten Gespräch mit **ChatGPT**[19] via **WhatsApp** eine Werbung für das neueste antibiotische Präparat bekomme, aber wer garantiert mir, dass das so bleibt?

Aber auch für die Behandler ist dies ein Problem. Denn es gibt keine Schnittstellen für eine **Datenübertragung** in die Informationssysteme der Praxen und Krankenhäuser. Ich kenne Ärztinnen, die die Daten ihrer Patienten über deren Smartphones abrufen und auf dieser Basis die weitere Therapie festlegen, ohne dass sie irgendwelche Belege aufbewahren. Wir ziehen sozusagen eine dritte Datenebene ein, die weder gesetzlich geregelt noch kontrollierbar ist.

Es ist also höchste Zeit, dass die Menschen sorgsamer mit ihren persönlichen Daten umgehen. Wir legen höchste Maßstäbe an, wenn Ärztinnen und Ärzte oder Pflegepersonal unsere Daten für Behandlungszwecke benötigen, geben sie aber geradezu fahrlässig an kommerzielle **Unternehmen** weiter, von denen wir nicht genau wissen, welche Interessen sie verfolgen.

Die Entwicklung wird kaum aufzuhalten sein, und je mehr unsere Gesundheitssysteme unter finanziellen Engpässen leiden, desto mehr werden Rat und Hilfe im Internet gesucht. Dass **Chatbots** dabei eine große Rolle spielen werden, daran kann es keinen Zweifel geben.

Es wird notwendig sein, dass **Medizin** und **Pflege** als vertrauensbildende Maßnahme die Situation als Chance nutzen und offen darlegen, was möglich ist und was nicht. Dazu gehört aber auch der Verzicht auf medizinische Maßnahmen, die unsinnig oder sinnlos sind. Es bleibt zu hoffen, dass die

19 Bei ChatGPT lässt sich der bisherige Diskussionsverlauf löschen, was aber nur bedeutet, dass er nicht mehr angezeigt wird. Die Inhalte gehen nicht verloren, denn die finden ihre Entsprechung ja im Training der KI.

Patientinnen dies anerkennen und zwischen seriöser Medizin und kommerziellem Halbwissen, das nur eigenen Zwecken dient, unterscheiden.

Zusammenfassung

Anwendungen

- medizinische Ratgeber

Chancen

- besserer Zugang zu medizinischer Information

Risiken

- Gefahr des erhöhten Einflusses kommerzieller Interessen
- Aufgabe der Datenhoheit
- Unsicherheit bezüglich verwendeter Quellen

Kapitel 8 | Genetik und Bioinformatik

1962 wurde der Nobelpreis für die Aufklärung der Struktur der **DNA** verliehen. Sie enthält den größten Teil des Bauplans aller Lebewesen auf der Erde. Der genetische Code ist nicht sehr komplex und es wurde erwartet, dass mit der vollständigen Entschlüsselung der menschlichen DNA um das Jahr 2000 auch die letzten Geheimnisse der Vererbung gelüftet würden.

„Es ist unserer Aufmerksamkeit nicht entgangen…"

Mit diesen Worten haben die beiden Nobelpreisträger **Watson** und **Krick** in einem Artikel[20], dass sie intuitiv verstanden hatten, wie die Vererbung der DNA funktioniert. Die Details mögen andere formulieren, das grundsätzliche Verständnis genügte ihnen.

Wissen | Francis Harry Compton Crick (1916–2004) und James Dewey Watson (*1928) sind zwei Molekularbiologen. Gemeinsam mit dem Physiker Maurice Wilkins (1916–2004) klärten sie die Molekularstruktur der Desoxyribonukleinsäure (DNA) auf. Für diese Leistung erhielten sie 1962 den Nobelpreis.

Dies erwies sich als schwieriger als erwartet. Die Kodierung mag verständlich sein, nicht aber der Zusammenhang zwischen Genen und Erscheinungsbild. Der **Genotyp** (Erbgut) spiegelt sich nicht direkt im **Phänotyp** (Erscheinungsbild eines Individuums) wider. Es ist eine komplexe Beziehung, an der oft hunderte von Stellen auf der **DNA** beteiligt sind und die Beziehung ist oft nicht linear.

Noch schwieriger wird es, wenn nicht die Genexpression, sondern der Zusammenhang zwischen Krankheit und genetischer Veranlagung von Interesse ist. Der bisherige Fortschritt hält sich daher in Grenzen, obwohl die Bioinformatik inzwischen **Supercomputer** einsetzt, um die oft nur statistisch nachvollziehbaren Zusammenhänge zu entschlüsseln.

---

20 Watson JD, Crick FHC (1953) „Molecular Structure of Nucleic Acids: A Structure for Deoxyribose Nucleic Acid". Nature. Band 171, Nr. 4356, April 1953.

Neuronale Netze sind jedoch aufgrund ihrer nicht-algorithmischen Struktur auf nichtlineare Zusammenhänge spezialisiert, weshalb große Hoffnungen in den Einsatz von KI in der Gentechnik gesetzt werden.

Zunächst werden riesige **Datenmengen** benötigt. Nicht nur die Struktur der Erbsubstanz ist von Bedeutung, sondern auch Informationen über die entstandene Lebensform (Aussehen, Krankheiten) werden benötigt. Da die genetische Veranlagung nicht alles ist, sondern auch soziale Komponenten eine wichtige Rolle spielen (Epigenetik), muss auch dies dokumentiert und gespeichert werden.

Der Aufwand ist also enorm, aber der Ertrag wäre noch größer. Krankheiten könnten durch gezielte Genmanipulation entweder ganz vermieden oder in ihren Auswirkungen gemildert werden, beim eigenen Nachwuchs wäre es sogar denkbar, bestimmte Eigenschaften gezielt zu erzeugen.

Das Rad muss nicht neu erfunden werden, die Natur hat es bereits vorgemacht. Irgendein Lebewesen auf dieser Erde hat sicher schon die Eigenschaft entwickelt, die gerade nützlich erscheint. Alles andere wäre auch sehr, sehr schwierig, weil die genauen biochemischen Zusammenhänge noch gar nicht verstanden sind.

Es ist nicht schwer, ein Protein zu kopieren, aber es ist fast unmöglich, ein neues Protein mit einer halbwegs komplexen Struktur zu erschaffen. Mit anderen Worten: Soll der Nachwuchs blond, schwarz oder rot sein? Kein Problem, diese Gene gibt es bereits. Aber eine natürliche blaue Haarfarbe oder ein schönes Pink – das ist derzeit undenkbar.

Eine ganz normale Erkältung

Es gibt auch handfeste Gründe für den Einsatz von Gentechnik und damit von **KI** zu ihrer Unterstützung. Viren begleiten das Leben auf der Erde seit Jahrtausenden. Anders als Bakterien, Pilze, Pflanzen oder Tiere leben diese winzigen Partikel nicht, denn sie bestehen im einfachsten Fall nur aus Erbsubstanz. Ihr Trick besteht darin, diese Erbsubstanz in eine lebende Zelle einzuschleusen, damit diese wiederum neue Viren produziert. Diese befallen dann weitere Zellen und der Kreislauf beginnt von neuem.

Leider haben Viren die Eigenschaft, ihr Erbgut manchmal so fest in der Wirtszelle zu verankern, dass es mit vererbt wird. So bestehen etwa 8 Prozent unseres Erbguts aus viraler DNA, mit der sich unsere Vorfahren infiziert haben und die ihr Erbgut in unser Genom eingeschmuggelt hat. Ob und wann das zu Problemen führt, kann niemand sagen[21].

Viren haben keinen Willen, sie leben nicht. Wenn es aber so etwas wie ein „Vireninteresse" gibt, dann ist es, möglichst viele Zellen zu infizieren, um möglichst viele neue Viren zu produzieren. So gesehen haben Viren explizit kein Interesse daran, ihren Wirt zu töten, weil sie damit ihren eigenen Replikationsmechanismus ausschalten würden.

Insofern gibt es auch einen inversen Zusammenhang zwischen der Infektiosität und der Mortalität eines Erregers: Je ansteckender ein Erreger ist, desto weniger tödlich ist er. Dieses Gleichgewicht ergibt sich aus dem Gesetz der natürlichen Selektion. Eine sehr schwere Viruserkrankung würde innerhalb kürzester Zeit die Wirte in ihrer Umgebung ausrotten, so dass das Überleben der Viren selbst gefährdet wäre.

Allerdings verschiebt sich dieses Gleichgewicht auf die für uns ungünstige Seite einer höheren Sterblichkeit, wenn die Zahl der Wirte (wir!) stark zunimmt. Durch die hohe Bevölkerungsdichte der Menschheit auf diesem Planeten geben wir potenziell gefährlichen Viren eine höhere Überlebenschance. HIV, COVID, Ebola sind Beispiele dafür.

Es ist sogar zu befürchten, dass Pandemien in Zukunft stark zunehmen werden, so dass es gute Gründe gibt, mehr über unser Erbgut herauszufinden. Der Einsatz von maschinellem Lernen wird dabei unverzichtbar sein.

Hochpräzisionsmedizin

Im Silicon Valley herrscht seit einiger Zeit wieder Aufbruchstimmung, man hat die **Biotechnologie** und die **Gentechnik** entdeckt. Microsoft-Gründer **Bill Gates** verkündete, wenn er heute noch einmal anfangen würde, würde er sich eindeutig für die Gentechnik entscheiden.

Die Euphorie ist nicht unbegründet, denn es gibt deutliche Parallelen zu den Anfängen der Digitalisierung. Die Entwicklung der ersten Computer in den 40er-Jahren des letzten Jahrhunderts war ein notwendiger Schritt, aber der Siegeszug der Computer begann erst so richtig, als die Technik breit

21 Die DNA des Menschen enthält also eine Menge Informationen, die normalerweise nicht gebraucht werden. Aber das ist nicht nur bei ihm so. Bei der Familie der antarktischen Krills (immerhin das häufigste Wildtier der Erde) liegt die DNA im gleichen Größenbereich, obwohl das Tierchen viel weniger komplex ist.

verfügbar und entsprechend preiswert wurde. Die Gentechnik steht heute genau dort, wo die Digitalisierung damals stand.

Das Steckenpferd der neuen Gentechniker ist die **Hochpräzisionsmedizin**. Dabei geht es darum, den einzelnen Menschen mit tausenden von Laboruntersuchungen engmaschig zu screenen, um Krankheiten zu erkennen, wenn sie noch im Frühstadium oder im Idealfall noch gar nicht ausgebrochen sind. Ziel ist es, Menschen bis zum 90. Lebensjahr arbeitsfähig zu halten, die dann noch 60 Jahre Lebenszeit vor sich haben.

150 Jahre Lebenszeit, mehr wird nicht möglich sein, denn das ist nach allgemeiner Auffassung die maximale Lebensdauer des menschlichen Gehirns. Da das Gehirn unzweifelhaft der Ort des Ichs ist, müssen aufwendige Reparaturversuche scheitern, wenn ein Individuum länger erhalten werden soll.

Die Teilnehmer des Lebensverlängerungsprogramms geben wöchentlich Urin-, Blut- und Stuhlproben ab. So kommen mehr als 15.000 Einzeluntersuchungen zusammen. Die Kosten sind beträchtlich: Bis zu einer Million Euro pro Jahr sollen die Teilnehmerinnen in der Hoffnung auf ein langes und gesundes Leben aufbringen.

Ist das Geld gut angelegt? Ich denke schon. Firmen wie *23andme* haben inzwischen genügend Vergleichswerte, genügend Erfahrung und die nötigen finanziellen Mittel, um zumindest teilweise erfolgreich zu sein. Billiger wird es kaum, denn der Zusammenhang zwischen investierten Mitteln und Behandlungserfolg ist nicht linear.

Bei niedrigem medizinischem Standard reichen bescheidene Mittel aus, um eine substanzielle Verbesserung zu erzielen. Je komplexer die Behandlung ist, desto höher sind die Kosten. Der Unterschied persistiert, wenn auch mit abnehmender Intensität.

Heute befinden wir uns, was die Medizin betrifft, eher im unteren Bereich. Die meisten Menschen gehen erst zum Arzt, wenn sie eine Krankheit haben, Prävention findet meist nicht statt. Tumoren im Frühstadium sind meist Zufallsbefunde, die im Rahmen von Untersuchungen anderer Erkrankungen auftreten.

Dabei sind Krebs, Schlaganfall und Herzinfarkt keine Krankheiten, die einen aus heiterem Himmel treffen. Prädispositionen und genetische Faktoren sind praktisch immer vorhanden, auch wenn wir sie sicher noch nicht alle kennen.

Eine **KI**, die über ausreichend detaillierte Informationen verfügt und die Entstehung einer Krankheit buchstäblich miterlebt, wird mit hoher Wahrscheinlichkeit Zusammenhänge erkennen, von denen wir heute noch nichts ahnen. Genau das ist das Ziel der **Hochpräzisionsmedizin**: Frühzeichen von Krankheiten zu erkennen und rechtzeitig einzugreifen, bevor eine Krankheit ausbricht.

Chancen und Risiken

Der Einsatz von KI in der Gentechnik wird zu einem Wissenssprung führen, dessen Auswirkungen wir uns noch gar nicht vorstellen können. Wir werden viel gezielter vorbeugen können, und mit etwas Glück werden manche Krankheiten sogar besiegt. Außerdem wird sich die diagnostische Sicherheit deutlich erhöhen.

In Deutschland liegt die Sicherheit, dass eine Erstdiagnose richtig ist, gerade einmal bei 50 Prozent. Der oft geäußerte Vergleich, man könne ja auch eine Münze werfen, hinkt allerdings, denn bei einer Münze gibt es nur zwei Alternativen, bei medizinischen Diagnosen aber Tausende und Abertausende. Um genau zu sein, sind es 135.000 Krankheiten nach dem internationalen Krankheitskatalog ICD-11.

Die Hochpräzisionsmedizin hebt die Qualität der **Diagnostik** auf ein neues Niveau, und gerade deshalb gehe ich davon aus, dass sie ein Erfolg wird.

Risiken bestehen wegen des großen Aufwands, der betrieben werden muss. Es besteht die Gefahr, dass die neue und fortschrittliche Technik nur für finanziell gut gestellte Menschen zugänglich sein wird. Es werden zwar Methoden entstehen, die dann einem größeren Kreis von Patientinnen zur Verfügung stehen, aber die neuesten Methoden werden nur diejenigen nutzen können, die es sich leisten können.

Schon heute gibt es Therapien, die kein Gesundheitssystem der Welt allen Betroffenen zur Verfügung stellen kann. So kostet die Behandlung von Hepatitis C, einer viralen Leberentzündung, bis zu 50.000 Euro. Der Wirkstoff ‚Sofosbuvir', der in die RNA des Virus eingebaut wird und genetisch aktiv ist, ist nur eines der ersten Beispiele für genetische **Therapien**.

Umso wichtiger ist es, nur die Patientinnen zu behandeln, bei denen es wirklich Sinn macht. Das bedeutet, dass nicht alle Hepatitis-C-Patienten von der Therapie profitieren können, auch wenn dies wünschenswert wäre. Nur so können wir die Versorgung aufrechterhalten und sicherstellen, dass die knappen Ressourcen denjenigen erreichen, der es am nötigsten hat.

Zusammenfassung

Anwendungen

- gentechnische Analysen
- Hochpräzisionsmedizin

Chancen

- Wissensgewinn
- Verlängerung des individuellen Lebens

Risiken

- eingeschränkte Behandlungsgerechtigkeit

Kapitel 9 | Krankheitsmodelle

Im letzten Kapitel über mögliche Anwendungsfelder von KI in Medizin und Pflege möchte ich Ihre Aufmerksamkeit auf ein Thema lenken, das in den Bereich der Wissenschaft fällt.

Das Tiermodell und seine Grenzen

Wenn es um die Bekämpfung menschlicher Krankheiten geht, steht die Entwicklung eines geeigneten Tiermodells ganz oben auf der Prioritätenliste der Forscher. Dies mag ethisch fragwürdig sein; in der Praxis gibt es kaum erfolgreiche Therapien, die ohne Tiermodell entwickelt wurden.

Beispielsweise werden für die Erforschung von Antidiabetika Versuchstiere benötigt, die die Krankheit möglichst früh entwickeln. Die Versuchstierindustrie liefert Mäuse, die diese Eigenschaft durch Zuchtauswahl oder künftig eventuell durch Genmanipulation ausprägen. Gleiches gilt für andere Krankheiten wie Krebs, Herzinfarkt und andere somatische Erkrankungen.

An ihre Grenzen stößt die Methode bei neurologischen oder psychiatrischen Erkrankungen. Hier versagen Tiermodelle, weil die Neurologie des Menschen komplexer ist als die aller Tiere oder weil psychiatrische Erkrankungen höhere Hirnfunktionen des Menschen betreffen. Der wissenschaftliche Fortschritt wird dadurch erschwert, weil keine oder nur teilweise adaptierbare Modelle zur Verfügung stehen.

Chatbots für die psychiatrische Forschung

Chatbots sind in der Lage, Gespräche zu führen, die jeweils an die aktuelle Situation angepasst sind. Wie bereits erwähnt, kann es dabei zu „Halluzinationen" kommen, wenn die Begriffsräume dünner werden. Die von der Maschine generierten Informationen entsprechen dann nicht mehr der Wahrheit. Das künstliche Netz ist auch nicht in der Lage, zwischen wahr und falsch zu unterscheiden.

In der Medizin würde man ein solches Verhalten als „Konfabulation" bezeichnen. Bestimmte **neurologische Erkrankungen** des Großhirns erzeugen Konfabulationen, die als flüssiges Sprechen wahrgenommen werden, denen aber Absicht und Sinn fehlen. Ein Beispiel ist die Wernicke-**Aphasie**, eine Störung des zentralen Sprachzentrums. Die Patienten sind in der Lage, komplexe und verschachtelte Sätze zu bilden, die jedoch keine verwertbaren Informationen vermitteln. Durch den Vergleich von Versuchsergebnissen realer Patienten mit entsprechenden Ergebnissen eines modifizierten Chatbots (z. B. Satzergänzungen, Lückentexte, Erklärungen, Wortstellung) könnte sich eine Möglichkeit auftun, Aphasien durch ein künstliches Sprachmodell zu simulieren.

Dies wäre interessant, da verschiedene Einflussfaktoren (Verzerrungen, Gewichtungen, Architekturmodelle) getestet werden könnten. Sollte es gelingen, ein solches Modell zu erstellen, wäre dies ein Novum mit weitreichenden Konsequenzen für **Diagnostik** und **Therapie**.

Neuronale Netzwerke für die Therapieforschung

Aber auch für rein somatische Erkrankungen ist es sinnvoll, ein passgenaues Netz zu erstellen. Es sollte möglich sein, ein **DNN** so zu trainieren, dass bestimmte Eingaben zu definierten Krankheitsbildern führen. Sicherlich wäre die Entwicklung einer KI, die alle möglichen Verästelungen einer Patientenkarriere beinhaltet, sehr aufwendig. Möglicherweise ist dies aber auch gar nicht notwendig, da eine Beschränkung auf ein Organsystem ausreichen würde.

KI-basierte Krankheitsmodelle hätten den großen Vorteil, dass sie vergleichsweise kostengünstig sind. Das könnte der Suche nach neuen Therapien einen großen Schub geben, denn viele potenzielle Therapien scheitern heute an den hohen Kosten für die Erprobung.

Je ausgereifter eine Therapie ist, desto schwieriger sind mögliche Verbesserungen und desto teurer sind die Zulassungsverfahren. Denn auch wenn die Vorstellung noch weit verbreitet ist, dass neue Therapien gegen ein Placebo getestet werden, ist dies in der Praxis aus ethischen Gründen längst nicht mehr möglich. Es ist nicht vertretbar, eine Gruppe von Patientinnen mehr oder weniger unbehandelt zu lassen (die Placebo-Gruppe), wenn es bereits etablierte und erprobte Therapien gibt.

Das bedeutet, dass für eine ausreichende statistische Absicherung mehr Studien notwendig sind. Oder anders ausgedrückt: Es wird sehr viel teurer. Es gibt Krankheitsbereiche (z. B. bestimmte Leukämien), in denen der

Therapieerfolg hoch ist. Gerade deshalb „lohnt" es sich für die Hersteller von Therapeutika kaum noch, neue Produkte auf den Markt zu bringen.

Ich kann mir vorstellen, dass die Idee, eine neue Therapie zunächst in der ***sandbox*** einer KI zu testen, auf viel Widerspruch stößt. Aber wir sollten nicht vergessen, dass jegliche Forschung auf der Anwendung von Modellen beruht, die mal komplexer und mal weniger komplex sind. Die **KI-Krankheitsmodelle** sind sicherlich zunächst weit davon entfernt, die Realität halbwegs gut abzubilden. Aber zum einen sind sie in ihrer Anwendung sehr kostengünstig und zum anderen können sie stets weiterentwickelt werden. Es gibt sogar Szenarien, in denen wir gar keine wirklichen Alternativen haben.

KI-Simulationen für komplexe Zusammenhänge

Auch beim Einsatz von digitalen Hilfsmitteln in Medizin und Pflege ist der Effekt des medizinischen outcomes oft so diskret und zeitlich verschoben, dass eine direkte Messung nur mit einem sehr hohen Aufwand möglich wäre. Natürlich gibt es genügend andere Gründe für den Einsatz, wie die **Entlastung** des Pflegepersonals, der Angehörigen oder die **Verbesserung der Lebensqualität**. Trotzdem wäre es interessant zu wissen, ob eine solche Maßnahme auch zu einem besseren gesundheitlichen outcome der Patienten führt.

Ähnliches gilt für den Bereich der Wechselwirkungen von anderen Therapiemaßnahmen wie beispielsweise der medikamentösen Behandlung. Viele Patienten nehmen nicht nur ein Medikament, sondern mehrere. Wie beeinflussen sie sich gegenseitig? Das ist eine Frage, die heute nur in Ansätzen geklärt werden kann; entsprechend trainierte und selbstlernende KIs könnten hier helfen.

Dazu muss aber ein entsprechendes Instrumentarium entwickelt werden, wie es die **evidenzbasierte Medizin** für klassische Therapiestudien bietet. Das wird nicht einfach sein, und deshalb gehe ich davon aus, dass wir dafür noch etwas Zeit brauchen werden.

Sehr viel früher könnte ein System einsatzbereit sein, das die Medikation bei laufenden Therapien überprüft. Denn gerade ältere Menschen nehmen häufig Medikamente ein, die zum Teil veraltet, widersprüchlich oder einfach sinnlos sind. Das kann zum Beispiel daran liegen, dass Ärztinnen Medikamente verschreiben, die von nachfolgenden Kollegen nicht mehr überprüft werden. Nach einigen Jahren wird die Liste immer länger, ohne dass routinemäßig überprüft wird, ob eine Maßnahme überhaupt noch sinnvoll ist. Eine selbstlernende KI könnte hier wirklich segensreich eingesetzt werden und auch zur Kostendämpfung beitragen.

Chancen und Risiken

Die medizinische Forschung, die in den letzten Jahrzehnten immer aufwendiger und teurer geworden ist, könnte durch den Einsatz von Therapiemodellen zumindest in den frühen Phasen einer Erprobung deutlich *effizienter* werden.

Das Risiko besteht in einer mangelnden Passgenauigkeit der Modelle. Denn gleich wie gut ein Modell ist, es werden sich immer Unterschiede zur Realität ergeben.

Zusammenfassung

Anwendungen

- Schaffung von besseren Behandlungsmodellen
- Behandlungsmodelle für multiple Abhängigkeiten und diskrete Effekte

Chancen

- Erhöhung der Effizienz

Risiken

- fragliche Passgenauigkeit der Modelle

Kapitel 10 | Regeln für den KI-Einsatz

Die bisherigen industriellen Revolutionen haben vor allem Menschen in eher einfachen Berufen betroffen. Das ist bei der Digitalisierung und vor allem bei der **Digitalisierung** mit künstlicher Intelligenz anders. Es ist davon auszugehen, dass vor allem mittel- und hochqualifizierte Berufe betroffen sein werden, wobei es erhebliche Unterschiede geben wird.

Piloten und Fahrer

Besonders betroffen sind alle Berufe, in denen Menschen Maschinen steuern. Wenn ein Mensch eine Maschine bedient, benutzt er die Schnittstelle, die normalerweise von der Maschine selbst angeboten wird. Das kann ein Cockpit, ein Führerstand, die Leitwarte eines Kraftwerks oder das Bedienpult einer Drehmaschine sein.

In den meisten Fällen ist die Bedienung bereits digitalisiert. Der Schubhebel für das Triebwerk eines Flugzeugs wird nicht mehr mechanisch über ein Gestänge an die Einspritzpumpen der Triebwerke übertragen, sondern digital codiert und über ein Bussystem gesendet. Eine KI hat hier keine Schnittstellenprobleme.

Auch die Aktionen der Maschine dürften bekannt sein und können relativ vollständig durch ein Regelsystem beschrieben werden, so dass eine KI auch die Auswirkungen von Aktionen problemlos planen kann.

Ein Flugzeugpilot und noch mehr der Copilot könnten relativ einfach durch technische Systeme ersetzt werden. Die große Mehrheit der Passagiere (mich eingeschlossen) will aber keine automatischen Piloten. Außerdem können bei Flugzeugen vorhergesehener Ereignisse eintreten, weshalb unsere Flugzeuge wohl nicht so bald von einer KI gesteuert werden.

Anders sieht es beim Copiloten aus, der schon heute ersetzt werden könnte. Copiloten sitzen vor allem deshalb im Cockpit, weil angehende Piloten ausgebildet werden müssen und Simulatorzeit teuer ist.

Aber versuchen Sie einmal, den Steward einzusparen, der für die Passagiere zuständig ist. Eine Maschine hätte Schnittstellenprobleme, müsste also irgendwie physisch, z. B. als Roboter, in Erscheinung treten. Es gäbe auch erhebliche Entscheidungsprobleme. Wir Menschen definieren uns ja gerade durch unsere Menschlichkeit.

Das kann eine KI simulieren, aber es wird kaum dasselbe sein. Die beste Betreuung von Menschen ist die Betreuung durch Menschen und deshalb sind Berufe, die mit Menschen zu tun haben, relativ sicher vor einem KI-Surrogat.

Es gibt Grenzbereiche, wie z. B. die telefonische Beratung (Hotline). Hier wird es nur noch wenige Jahre dauern, bis wir nicht mehr wissen, ob wir es mit einem Menschen oder einer Maschine zu tun haben. Textbasierte Servicestellen von Banken und Versicherungen werden bereits heute in vielen Fällen durch Bots realisiert, die nur bei größeren Schwierigkeiten an einen menschlichen Ansprechpartner weiterleiten.

Was wird sich im Gesundheitswesen ändern?

Die **Radiologie** wird innerhalb der Medizin mit die größten Veränderungen erfahren. Es ist davon auszugehen, dass in Zukunft alle Bilddaten routinemäßig ausgewertet werden. Das bedeutet nicht, dass die Radiologie überflüssig wird, aber sie wird ihren Status rechtfertigen müssen.

Auch in den operativen Fächern werden die Chirurginnen zunehmend auf maschinelle und digitale Verfahren zurückgreifen, allein schon wegen der steigenden Infektionsgefahr. Es wird Operationsverfahren geben, die ohne Roboterunterstützung gar nicht mehr durchführbar sind, ein gutes Beispiel ist die heute schon mögliche transurethrale Prostataresektion (operative Verkleinerung der Prostata durch die Harnröhre).

Auch hier gilt: Je technischer ein medizinischer Eingriff ist, desto eher werden Robotik, Digitalisierung und KI zum Einsatz kommen. Die Möglichkeit einer technischen ***Unterstützung*** durch KI wird sich in allen Fachbereichen, auch in der Pflege und Therapie, durchsetzen. Die Medizin ist zu komplex, als dass ein einzelner Mensch über alle Möglichkeiten verfügen und gleichzeitig sein Wissen aktuell halten könnte. Wir werden lernen müssen, die neuen Möglichkeiten zu nutzen und mit ihnen umzugehen.

Medizin am Menschen

Die Gefahr des Arbeitsplatzverlustes sehe ich umso weniger, je näher die Medizin am Menschen ist. Ein Ersatz durch KI wäre zu kompliziert, zu fehleranfällig und zu teuer. Hinzu kommt, dass sich unsere Patientinnen und

Patienten eine Behandlung von Mensch zu Mensch wünschen; dieses Behandlungsprinzip ist schließlich eine Grundlage des medizinischen Erfolgs.

Angst vor KI muss im medizinisch-pflegerischen Bereich also kaum jemand haben. Auch die besten Systeme können den Menschen nicht ersetzen, aber sie können ihn von anstrengenden Aufgaben entlasten. Die Qualität einer Behandlung kann durch den Einsatz von KI sogar steigen, und das wollen wir alle.

Wissen | Regel 1 für den KI-Einsatz

Die Medizin muss wieder näher zum Menschen rücken. Technische Vorgänge können von Technik übernommen werden, der eigentliche Heilungsvorgang sollte ausschließlich durch Menschen erfolgen. Der KI-Einsatz verschafft uns die notwendigen Ressourcen, um den Menschen ganzheitlich und polysymptomatisch, individuell und auf die jeweilige Lebenssituation angepasst zu behandeln. Weil dazu menschliches Einfühlungsvermögen erforderlich ist, wird uns dies nie eine Maschine abnehmen können.

Korrektheit KI-generierter Ergebnisse

DNNs arbeiten nicht mit algorithmischen Verfahren, sondern liefern ihre Ergebnisse auf der Grundlage eines zuvor trainierten Netzes. Selbst wenn die **Trainingsdaten** ausreichend sind (was nicht garantiert werden kann), ist damit nur sichergestellt, dass die Ergebnisse für die Trainingsdaten korrekt sind. Jede Anwendung eines Netzes auf Daten, die nicht Teil des Trainingsdatensatzes sind, ist daher dem Risiko ausgesetzt, dass die Ergebnisse falsch oder zumindest unzureichend sind.

Trotz Backpropagation kann es zu Sackgassen kommen, aus denen ein solches Netz nur durch Wiedereinspielen einer früheren Version wieder herauskommt. Es dürfte sich daher verbieten, selbstlernende Netze ohne zusätzliche Absicherung in der Medizin einzusetzen, da es keine Garantie gibt, dass sie auch in Zukunft richtig reagieren.

Bei sehr spezifisch trainierten Netzen kann es auch zu übertrainierten Systemen kommen. Das sind **DNNs**, die „gelernt“ haben, dass in fast allen bisherigen Fällen ein winziger Aspekt ausreicht, um korrekte Ergebnisse zu erzielen, und die sich dann auf diesen Aspekt beschränken.

Ein bekanntes Beispiel ist ein System, das Bilder von Wölfen und Hunden unterscheiden soll. Es hat während des Trainings „gemerkt", dass auf allen Bildern von Wölfen ein Schneefeld zu sehen ist, und hat sich darauf beschränkt, in den Bildern nach Schneefeldern zu suchen. Um diesen Effekt zu vermeiden, müssen trainierte Netzwerke eine große Anzahl von Fällen außerhalb ihres Trainingsdatensatzes durchlaufen, bevor sie freigegeben werden können.

Wissen | Regel 2 für den KI-Einsatz

Alle von intelligenten Maschinen getroffen Aussagen müssen regelmäßig überprüft werden.

Menschliche Kompetenz

Die oben beschriebene Überprüfung ist allerdings leichter gesagt als getan, denn sie erfordert ärztliche Kompetenz. Genau diese Kompetenz wird aber verloren gehen, wenn sich ein KI-basiertes Verfahren als unglaublich praktisch, schnell, zuverlässig oder einfach nur effizient erweist.

Wer das nicht glaubt, möge sich einmal die Kopfrechenfähigkeiten heutiger Schülerinnen und Schüler anschauen. Noch vor einem halben Jahrhundert war es völlig normal, Bruchrechnungen im Kopf zu machen und das große Einmaleins auswendig zu wissen. Mit der Einführung des Taschenrechners, der später vom Smartphone abgelöst wurde, hat sich das grundlegend geändert.

Mit der Fähigkeit des Kopfrechnens ist auch die des Schätzens geschwächt worden. Überschlagsrechnungen sind aber in vielen Bereichen des täglichen Lebens wichtig und gehen auch viel schneller, als erst eine elektronische Hilfe in Anspruch zu nehmen. Gerade im medizinischen Bereich kann es lebensentscheidend sein, wenn ein Arzt grob abschätzen kann, ob die von ihm berechnete Dosis eines Medikaments im richtigen Bereich liegt.

Eine ähnliche Entwicklung ist im Bereich der Fremdsprachen zu beobachten. Moderne Übersetzungsprogramme, die auf neuronalen Netzen basieren, erreichen inzwischen Qualitäten, die teilweise professionellen Ansprüchen genügen. Der nächste Schritt wird sein, dass tragbare Geräte menschliche

Sprache in Echtzeit übersetzen[22]. Wie lange wird es dauern, bis die Fremdsprachenkenntnisse der Menschen zurückgehen?

Wir sollten also versuchen, dafür zu sorgen, dass eine medizinische KI, die vielleicht noch bessere Leistungen erbringt als eine menschliche Ärztin, nicht zu einem Kompetenzverlust beim Personal führt. Das ist leichter gesagt als getan. Der übliche Hinweis, dass Ergebnisse von Geräten immer überprüft werden müssen, ist mehr Wunschdenken als gelebte Realität. Wer kann es den Klinikern verdenken? Lange Schichten, hoher Arbeitsdruck und komplexe Zusammenhänge sind die Regel. Außerdem: Wenn jede maschinell erstellte Diagnose genau überprüft werden muss, wozu braucht man dann die Maschine?

Ein denkbarer Ansatz wäre, dass eine medizinische KI in regelmäßigen Abständen die Arbeit kontrolliert verweigert, damit die menschlichen Kräfte ihr Wissen trainieren können. Technisch wäre das machbar, aber was sagen die Patientinnen dazu? Wollen Sie den Trainingsfall machen, nur weil Sie die fünfzigste Patientin an diesem Tag sind?

Eine andere Möglichkeit wäre es, einen Teil der eingesparten Zeit zu nutzen, um die Vertreter der Gesundheitsberufe immer wieder zu schulen. Regelmäßige Abteilungsbesprechungen, die weit über die heutigen Fallbesprechungen hinausgehen müssten, wären notwendig.

Auch das wird nicht machbar sein, so dass wir uns damit abfinden müssen, dass in Teilbereichen der Medizin und Pflege menschliches Wissen verloren geht und wir uns auf Maschinen verlassen müssen. Wir werden auch nicht mehr ohne Röntgengeräte auskommen. Was spricht dagegen, z. B. ein EGK-Gerät als *Closed Box* zu betreiben, das gar keine Ableitungskurven mehr ausgibt, sondern nur noch eine Diagnose (oder keine, was genau so wichtig ist)?

---

22 Vor einigen Monaten bin ich in Athen auf einem Kongress gewesen, dort hatte ich einen russischen Taxifahrer, der mit einer Bulgarin verheiratet war. Der Mann hatte Erfahrung mit Übersetzungsprogrammen und deshalb auf dem Armaturenbrett ein Tablett befestigt, das Deutsch in Russisch und umgekehrt übersetzte. Das ging erstaunlich gut, obwohl ich anfangs sehr skeptisch war.

Wissen | Regel 3 für den KI-Einsatz

Der Einsatz von KI wird zu einem Verlust menschlicher Kompetenz führen. Dieser sollte auf das mögliche Minimum beschränkt werden, ist aber kaum zu vermeiden.

Der Mensch als Maß der Dinge

Der Mensch ist das Maß aller Dinge[23], so lässt sich die Erkenntnis des Zeitalters der Aufklärung zusammenfassen, und so wie es aussieht, wird dieser Satz in Zukunft an Bedeutung gewinnen. Bei der Anwendung neuer Methoden, neuer Technologien und insbesondere von KI-Methoden müssen wir immer darauf achten, dass der Mensch im Mittelpunkt steht.

Neben der generellen Garantie, dass das Wohlergehen des Menschen, die Vermeidung von Schaden und die Gleichbehandlung aller Menschen[24] berücksichtigt werden, ist das Prinzip der Autonomie des Menschen wesentlich. Das bedeutet, dass jede KI-Unterstützung immer und vorbehaltlos abschaltbar sein muss, wenn der Betroffene dies wünscht.

Aber das ist noch nicht alles, denn die Autonomie gilt auch für die Pflegenden. Der formell oder informell Pflegende ist dem Pflegebedürftigen und seinen Angehörigen Rechenschaft schuldig, niemals aber einer Maschine oder Menschen, die eine Maschine vertreten.

Wissen | Regel 4 für den KI-Einsatz

Der Wille des Patienten muss stets beachtet werden und hat absoluten Vorrang.

---

23 „Der Mensch ist das Maß aller Dinge, der seienden, dass sie sind, der Nichtseienden, dass sie nicht sind.“, so der griechische Philosoph Protagoras (490–411 v. Chr.).

24 Das sind die Forderungen der Prinzipienethik, siehe: Beauchamp TL, Childress JF (2012) „Principles of Biomedical Ethics“ Oxford University Press Inc.

KI und der Kreislauf der Information

Bei näherer Betrachtung ergibt sich ein weiteres Problem aus der Verwendung von (schwacher) KI. Es hängt damit zusammen, dass mit zunehmender Verbreitung von KI-Systemen die erzielten Ergebnisse häufig wieder veröffentlicht werden. Dies hat zur Folge, dass zukünftige Trainingsdaten zu einem gewissen Teil nichts anderes sind als die Ergebnisse der Vorgängergeneration der KI.

Beispielsweise bezieht **ChatGPT** seine **Trainingsdaten** aus dem Internet. Mit zunehmendem Einsatz des KI-Bots entstehen Inhalte im Netz, die zu einem nicht unerheblichen Teil von der KI erzeugt wurden. Auch ich ermutige meine Studierenden, bei der Anfertigung ihrer Arbeiten alle zur Verfügung stehenden Mittel zu nutzen. Während ich früher mühsam in Papierwälzern nach Publikationen suchen musste, um sie dann manuell in einer Bibliothek zu recherchieren oder zu bestellen, sind heute Literaturdatenbanken selbstverständlich, die teilweise auch Volltexte oder zumindest Zusammenfassungen der Artikel liefern.

Warum nicht einen Chatbot einsetzen, der ganze Abschnitte vorformulieren kann? Ich gehe davon aus, dass dies längst gelebte Praxis ist. Die mit Hilfe der Bots erstellten Dissertationen, aber auch ganze Artikel und Bücher werden dann veröffentlicht, auch im Internet. Dort holt sie der nächste Chatbot ab, um daraus zu lernen.

Dieser Kreislauf muss nur lange genug wiederholt werden, um das gesamte Internet in eine uniforme, unendlich langweilige Informationsmasse zu verwandeln.

Haben wir nicht auch bisher die uns gegebenen Informationen immer und immer wieder verarbeitet, bis am Ende ein einziger Brei herauskam? Offensichtlich nicht. Es gab und gibt immer wieder Entdeckungen, die sich dem Mainstream entziehen. Ein schönes Beispiel stammt aus der Radiologie.

Eine seltsame Entdeckung

Die **Computertomographie** hat die **Radiologie** entscheidend verändert. Während auf konventionellen Röntgenbildern alle Organe und Strukturen der Durchleuchtungsebene übereinander abgebildet werden, ist es nun möglich, einzelne Schichten wie Schnittbilder zu betrachten. Der Name „Computertomographie“ kommt nicht von ungefähr, denn die Bilder werden tatsächlich vom Computer nach einem mathematischen Verfahren[25] erzeugt, sind also nicht nur veränderte Abzüge von Bildern, die direkt mit Röntgenstrahlen erzeugt wurden.

Die **Magnetresonanztomographie** (MRT) verwendet ein ähnliches Verfahren, nutzt aber zur Detektion die Resonanz von Wasserstoffatomen bei hohen Magnetfeldstärken, die durch Pulse ausgelöst werden. Vereinfacht lässt sich das Verfahren so zusammenfassen, dass Wasserstoffatome (genauer: die Spins der Quanten in den Wasserstoffatomen) durch Pulse ausgelenkt werden und beim Zurückschwingen Energie abstrahlen. Diese Energie wird vom Kernspintomographen detektiert und zur Erzeugung der Schnittbilder verwendet. Im fertigen Schnittbild erscheint wasserreiches Körpergewebe dunkler als wasserarmes, da Wasserstoffatome im menschlichen Körper hauptsächlich in Wassermolekülen vorkommen.

MRT-Aufnahmen werden daher klinisch vor allem dort eingesetzt, wo wasserreiches auf wasserarmes Gewebe trifft. Beim Verdacht auf eine Meniskusverletzung ist das MRT die erste Wahl, denn die Gelenkflüssigkeit enthält viel Wasser, während Sehnen, Knochen und der Meniskus selber relativ trocken sind. Es hat wenig Zweck, mit dem MRT eine Bauchaufnahme zu machen, auch wenn dies viele Patienten aus Furcht vor Röntgenstrahlung gerne so hätten[26]. Man würde nichts erkennen, denn wasserreiche Organe liegen hier neben wasserreichen Organen. Das gilt auch für das Gehirn, so könnte man vermuten.

Susan White, **Joseph Hajnal**, **Ian Young** und **Graeme Bydder** versuchten es 1992 trotzdem und entdeckten Erstaunliches: Mit einer bestimmten Sequenz von magnetischen Impulsen konnten sie den Unterschied zwischen freier und gewebegebundener Flüssigkeit im Gehirn sichtbar machen (freie Flüssigkeit erscheint dunkler).

Der Unterschied ist nicht sehr groß, und man muss schon sehr geübt in der Interpretation von MRT-Bildern sein, um ihn zu erkennen, aber er ist da. Warum ist das wichtig? Im Gehirn kommt Flüssigkeit frei als Liquor in den Hirnventrikeln vor, aber auch gebunden als Zellflüssigkeit. Kommt es zu einer Schädigung, sterben Zellen ab, Flüssigkeit tritt aus und die betroffenen Bereiche erscheinen dunkler. Die häufigste Hirnschädigung bei älteren Menschen ist der Schlaganfall.

---

25 Gauß-Algorithmus zur Lösung linearer Gleichungssysteme.

26 Die hohen Feldstärken eines MRTs (das Magnetfeld eines MRTs ist 60.000-mal so stark wie das der Erde) dürften auch nicht ganz ohne Risiko sein.

Die vier Forscher haben also eine Methode gefunden, mit der man ganz frische Schlaganfälle sichtbar machen kann, lange bevor andere Röntgentechniken etwas erkennen können.

Wir tun manchmal Dinge, die wir nicht genau begründen können. Es ist die Intuition, die uns antreibt.

KI = Stillstand?

Es ist zweifellos die menschliche **Intuition**, die uns Neues entdecken lässt. Wer nur in ausgetretenen Pfaden wandelt, entdeckt keine neuen Wege. Aber genau das ist die Eigenschaft der schwachen KI. Sie baut auf vorhandenen Daten auf, wird damit trainiert, bis sie zwar perfekte Ergebnisse liefert, aber eben nur auf bekannten Ebenen.

Es liegt in ihrem Funktionsprinzip, dass sie niemals intuitiv handeln kann. Deshalb bedeutet der flächendeckende Einsatz eines schwachen KI-Systems in einem Teilbereich der Medizin nichts anderes als den Stillstand der Erkenntnis:

- Menschliche Expertise erzeugt Trainingsdaten.
- Mit diesen Daten wird eine schwache KI trainiert.
- Die Ergebnisse der KI werden optimiert, bis sie bessere Ergebnisse liefert als menschliche Experten.
- Menschliche **Expertise** geht verloren.
- Die KI wird weiter optimiert anhand von Daten, die zumindest teilweise von einer KI erzeugt wurden.
- Die Folge: Es gibt keine Weiterentwicklung mehr auf diesem Gebiet.

Die Sache mit der Intuition

Woher kommt die Intuition, was treibt uns an, die Regeln zu brechen? Der Begriff kommt aus dem Lateinischen und bedeutet so viel wie „hineinschauen“[27]. Intuition ist so etwas wie das plötzliche Bewusstwerden

27 „In“ = hinein und „tuere“ = sehen.

einer Erkenntnis, wobei vorher scheinbar unbewusste Prozesse ablaufen, die der Informationsgewinnung dienen. Unser Gehirn ist also in der Lage, plötzlich „aus dem Stand" neue Verknüpfungen zu bilden, die zwar auf bereits gespeicherten Informationen beruhen (woher auch sonst?), diese aber auf unvorhersehbare und originelle Weise verknüpfen. Mehr wissen wir nicht.

Der Psychologe **C. G. Jung** beschreibt Intuition als Funktion des menschlichen Bewusstseins, von dem er vier Typen unterscheidet: Denken, Fühlen, Empfinden und Intuition. Wenn Jung Recht hat, ist Intuition ein Bestandteil des Ich-Bewusstseins[28] und kann daher per definitionem von einer **schwachen KI** gar nicht geleistet werden.

Eine **starke KI** hätte dagegen die Möglichkeit, intuitiv zu handeln. Es ist jedoch völlig unklar, ob wir jemals in der Lage sein werden, so etwas wie eine starke KI zu schaffen, oder ob wir dies überhaupt tun sollten. **Joseph Weizenbaum** hat dazu vier Thesen aufgestellt, warum wir es nicht *können*:

- Unsere Maschinen haben zu wenig Neuronen.
- Die Neuronen unserer Maschinen haben zu wenig Verknüpfungen
- Die Verknüpfungen unserer Maschinen sind zu einfach gestrickt.
- Wenn wir versuchen, einen Menschen mit Bewusstsein zu bauen, dann wird das kein Mensch sein, sondern eine Maschine, die einen Menschen simuliert.

Punkt 1 ist mit ChatGPT bereits überholt. Diese Maschine nutzt derzeit ca. 200 Milliarden Neuronen und nähert sich damit zumindest der Kapazität eines menschlichen Gehirns mit 100 Milliarden Gehirnzellen.

Die Punkte 2 und 3 sind keine qualitativen Schranken, das heißt, es gibt kein endgültiges Hindernis, so etwas zu bauen. Unser Gehirn gibt es schließlich auch. Deshalb sehe ich auch kein prinzipielles Hindernis, dass es eines Tages so etwas wie starke Intelligenz geben könnte. Ich kann mir nicht vorstellen, dass ein übergeordneter Geist jedes Mal, wenn ein Mensch heranwächst, eine Extrafreigabe schicken muss. Starke Intelligenz ist eine fortgeschrittene Eigenschaft der Materie und keine besondere Eigenschaft von Organen aus Kohlenstoffverbindungen.

Wenn wir aber einen **Roboter** mit starker KI bauen, ist das kein Mensch. Der Mensch ist das Ergebnis seiner individuellen und kollektiven

---

28 Die Idee stammt ursprünglich von dem Philosophen Johann Gottlieb Fichte (1762–1814).

Geschichte, verbunden mit seiner Zukunft bis hin zu seiner Sterblichkeit. Aber eine starke KI könnte nützlich sein, wenn die Menschen sich gesellschaftlich so weiterentwickeln, dass sie damit umgehen können.

Wissen | Regel 5 für den KI-Einsatz

Menschliche Intuition kann durch (schwache) KI nicht ersetzt werden. Daher muss auch künftig der Mensch über allen Entscheidungen einer KI stehen.

Kapitel 11 | Ein wenig KI-Philosophie

Es gibt einen relativ neuen Denkansatz, der behauptet, dass mit der Schaffung entsprechend leistungsfähiger Computer der Mensch als Krone der Schöpfung ausgedient hat. Demnach übernehmen Maschinen die Aufgabe, die Evolution voranzutreiben.

Diese Vorstellung ist abzulehnen, schon weil sich dahinter ein ausgewachsener **Sozialdarwinismus** verbirgt. Es ist nämlich keinesfalls die alleinige Aufgabe der Natur, besonders hochentwickelte Lebewesen hervorzubringen. Deshalb haben alle Lebewesen, auch die vermeintlich weniger entwickelten, ihre Daseinsberechtigung. Die belebte und unbelebte Natur existiert und entwickelt sich nicht zielgerichtet. Ihr Sinn liegt in ihrer Existenz.

Dennoch ist es interessant, sich mit der Frage nach einer maschinellen Evolution zu beschäftigen. Wir wollen in diesem Kapitel also ein wenig abschweifen.

Kommt die Ablösung?

Ray Kurzweil prognostiziert, dass ab 2030 „der nicht-biologische Teil unserer Intelligenz vorherrschen wird". Die Innovationszyklen der Menschheit beschleunigten sich derart, dass es in 20 bis 25 Jahren möglich sein wird, die Informationen eines menschlichen Gehirns in entsprechend leistungsfähige Hardware zu übertragen.

Die Innovationszyklen beschleunigen sich derzeit wirklich. Woran das liegt, können wir nur vermuten. Ich kann mir vorstellen, dass es mehr Menschen gibt, die besser ausgebildet sind als früher, und dass durch den Einsatz von Maschinen weniger Aufwand für Grundbedürfnisse wie Nahrung und Unterkunft betrieben werden muss. Es ist jedoch fraglich, ob diese Beschleunigung insgesamt wirklich nachhaltig ist. Aber nehmen wir einmal versuchsweise an, dass die Übertragung eines menschlichen Geistes[29] auf ein maschinelles Surrogat irgendwann möglich wäre. Was würde passieren?

---

29 Das ist mehr als das, was Kurzweil vorhersagt, denn es gibt einen Unterschied zwischen gespeicherter Information und einem kompletten Bewusstsein.

Zunächst sollte klar sein, dass das, was dabei herauskommt, kein Mensch mehr ist. Denn der Mensch ist durch seine biologischen Bedürfnisse und Grenzen und nicht zuletzt durch seine eigene Sterblichkeit bestimmt.

Daran würde sich auch nichts ändern, wenn diese Maschinenintelligenz ein entsprechendes Aussehen hätte, also mit einem Körper, einem Gesicht, Armen und Beinen ausgestattet wäre. Auch die Simulation von Gefühlen wie Schmerz, Hunger, Freude oder auch Langeweile würde wenig ändern, denn eine Simulation bleibt immer eine Simulation ohne entsprechende Konsequenzen.

Etwas anders wäre allerdings das Außenverhältnis. Denn biologische Menschen neigen zum **Anthropomorphismus**. Wir interpretieren menschliche Eigenschaften in Dinge hinein, die diese Eigenschaften gar nicht haben. Ich habe den Versuch gemacht und eine sehr einfache Gesichtssimulation für eine kommerzielle KI-Lösung gebaut und getestet. Der Effekt tritt sofort ein, wenn das Ding eingeschaltet wird. Obwohl die sich bewegenden Augen nur Attrappen sind und nicht sehen können, stellt sich sofort das Gefühl ein, beobachtet zu werden. Der „Mund“ ist eine oszillierende Linie auf einem alten Röhrenmonitor, deren Zucken erstaunlicherweise von allen sofort als Sprechbewegung der Lippen interpretiert wird.

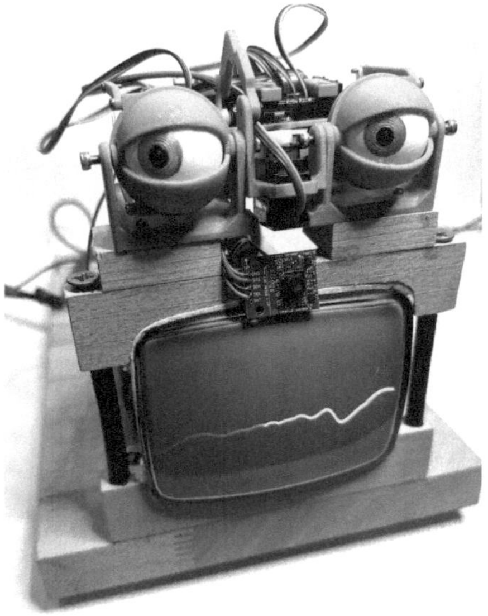

Abb. 14: „Alexatron“, eine einfache Gesichtssimulation mit angeschlossener KI

Die Reaktionen reichen von „süß“ bis „unheimlich“, sind aber immer sehr persönlich auf ein Lebewesen bezogen. Eine Maschinenintelligenz, in der ein menschlicher Geist gespeichert ist, würde sicherlich ähnliche Reaktionen hervorrufen.

Die Sache mit der Individualität

Aber unabhängig davon, was hätten wir aus technischer Sicht gemacht? *Wir hätten aus einem geschlossenen System eine offene Architektur gemacht.* Es lässt sich nicht leugnen, dass der Mensch nach außen hin ziemlich verschlossen ist: Abgesehen von einigen wenigen Sinnen haben wir kaum Kontakt zur Außenwelt, und die Sinne, die uns zur Verfügung stehen, bilden die Wirklichkeit nur sehr unvollständig ab. Wir spüren keine Radioaktivität und sind auch nicht in der Lage, die Vorgänge in der Quantenwelt zu verstehen. Große Entfernungen oder gar relativistische Effekte liegen außerhalb unserer Erfahrungswelt. Wenn wir etwas lernen, dann nur mühsam und mit viel Aufwand. Selbst wenn zwei Menschen wesensverwandt sind, wird es ihnen nie gelingen, sich vollständig in den anderen hineinzuversetzen. Spätestens am Ende des Lebens wird deutlich, dass wir Individuen sind und bleiben.

Anders verhält es sich mit der Intelligenz der Maschine: Sie kann nicht nur durch zusätzliche Organe, sondern auch durch Denkprozesse erweitert werden. Es wäre natürlich auch möglich, alle Teile der Maschine in regelmäßigen Abständen auszutauschen, so dass die theoretische Lebenserwartung unendlich wäre. Das ist ja der Sinn der Übung.

Außerdem wäre es nicht besonders schwierig, zwei solcher Maschinen so zu koppeln, dass sie eine Einheit bilden. Erweiterungen wären ebenso möglich wie eine Einengung der Funktionalität. Die bloße Möglichkeit hätte erhebliche Konsequenzen. Denn damit würde es keine klare Festlegung mehr geben zwischen „Ich“ und „Nicht-Ich“, die Grenzen verschwimmen. Individualität ist aber im Kern die klare Unterscheidungsmöglichkeit, was zu einem gehört und was nicht.

Wenn also eine gewisse Abgeschlossenheit einer Entität die Voraussetzung für Individualität ist und universelle Austauschbarkeit das Gegenteil zur Folge hat, dann wird vielleicht verständlich, warum die Austauschbarkeit und Erweiterbarkeit aller Bestandteile eines Menschen (einschließlich seines Gehirns) nur eines bedeuten kann: Er würde aufhören, ein Individuum zu sein

Abbildungsbelege

Abb. 1: Wolfgang von Kempelens mechanischer Schachspieler | Quelle: Public Domain

Abb. 2: Menschliches Gehirn im Querschnitt. Der Neokortex ist der stammesgeschichtlich jüngste Abschnitt, er stülpt sich wie eine Haube über die älteren Hirnbestandteile | Quelle: gemein-frei Flickr Commons

Abb. 3: Neuronen aus dem Kleinhirn einer Taube, gezeichnet 1899 vom Anatomen Santiago Ramón y Cajal | Quelle: Public Domain

Abb. 4: Das menschliche Erbgut in Buchform, erstellt vom Hu-man Genome Project | Quelle: gemeinfrei nach der Creative-Commons-Lizenz, erstellt von Russ London

Abb. 5: Künstliche Nervenzelle | Quelle: Zeichnung des Autors

Abb. 6: Künstliches neuronales Netzwerk. Aus Kapazitätsgrün-den wird nicht jedes Neuron einer Schicht mit allen anderen Neuronen der nächsten Schicht verbunden | Quelle: Zeichnung des Autors

Abb. 7: Zweidimensionales Netzwerk | Quelle: Zeichnung des Autors

Abb. 8: Von einer KI auf maximale Bilderkennung optimiertes Bild | Quelle: aus dem im Text genannten Artikel

Abb. 9: OP-Roboter bei der Arbeit | Quelle: CC BY-SA 3.0 DEED, Cmglee

Abb. 10: Abhängigkeiten der Personalsituation in der Pflege | Quelle: eigene Darstellung

Abb. 11: Therapieroboter Paro | Quelle: CC-BY-SA-2.0 ehjayb

Abb. 12: Therapie-Roboter | Quelle: © by Reactive Robotics

Abb. 13: Siegel der Cochrane Collaboration | Quelle: gemeinfrei

Abb. 14: „Alexatron“, eine einfache Gesichtssimulation mit an-geschlossener KI | Quelle: Bauplan von Thomas Burns, Foto des Autors

Literatur

Ich habe hier einige Artikel und Bücher zusammengestellt, die ich für besonders lesenswert halte. Dabei erhebe ich keinen Anspruch auf Vollständigkeit, was aus Platzgründen auch gar nicht möglich wäre. Die folgende Liste eignet sich daher vor allem für diejenigen, die mehr über das eine oder andere Thema erfahren möchten.

Künstliche Intelligenz

- Bager J, Bleich H, Danneberg D, Dölle M, Drehling W, Gieselmann H, Grünewald I, Heidrich J, Kramer A, Kuhlmann U, Mahn J, Merkert P, Peinl R, Richter M, Sierling P, Trinkwalder A, Wiegand D, Windeck C, Wischner S (2024) „KI-Special" c't 11 Heise Verlag
- Ernst F, Schweikard A (2020) „Fundamentals of Machine Learning" Narr Francke Attempto Verlag
- Ertel W (2021) „Grundkurs Künstliche Intelligenz: Eine praxisorientierte Einführung (Computational Intelligence)" Springer Vieweg
- Glassner A (2021) „Deep Learning: A Visual Approach" no starch press
- Krauss P (2023) „Künstliche Intelligenz und Hirnforschung: Neuronale Netze, Deep Learning und die Zukunft der Kognition" Springer Verlag
- Puppe F (1991) „Einführung in Expertensysteme" Springer Verlag
- Spitzer M (2023) „Künstliche Intelligenz: Dem Menschen überlegen – wie KI uns rettet und bedroht" Droemer Verlag

KI in Medizin und Pflege

- Fraunhofer Gesellschaft „KI in der Medizin" online unter: https://safe-intelligence.fraunhofer.de/ki-in-der-medizin abgerufen am 24.05.2024
- Klein A, Dennerlein S, Ritschl H (2024) „Health Care und Künstliche Intelligenz: Ethische Aspekte verstehen – Entwicklungen gestalten" Narr Francke Attempto Verlag
- Lee P, Goldberg C, Bubeck S (2023) „Die KI-Revolution in der Medizin: GPT-4 und darüber hinaus" Pearson Verlag

- Spektrum Kompakt (2020) „Künstliche Intelligenz in der Medizin“ Spektrum Verlag
- Swoboda W, Seifert N (Hrsg.) (2024) „Digitale Innovationen in der Pflege“ Springer
- Topol E (2019) „Deep Medicine: Künstliche Intelligenz in der Medizin. Wie KI das Gesundheitswesen menschlicher macht“ mitp Verlag

Weitere Themen

- Beauchamp TL, Childress JF (2019) „Principles of Biomedical Ethics“ Oxford University Press
- Brandstetter N, Dobler RM, Ittstein DJ (2021) „Mensch und künstliche Intelligenz“ Narr Francke Attempto Verlag
- Europäisches Parlament (2024) „KI-Gesetz: erste Regulierung der künstlichen Intelligenz“ online unter: https://www.europarl.europa.eu/topics/de/article/20230601STO93804/ki-gesetz-erste-regulierung-der-kunstlichen-intelligenz abgerufen am 24.05.2024
- Ray Kurzweil (2020) „Menschheit 2.0: Die Singularität naht“ Lola Books
- Roger Penrose (1991) „Computer Thinking. Des Kaisers neue Kleider oder die Debatte um künstliche Intelligenz, Bewusstsein und die Gesetze der Physik“ Spektrum Verlag
- Weber-Wulff D, Class CB, Coy W, Kurz C, Zellhöfer D (2009) „Gewissensbisse: Ethische Probleme der Informatik. Biometrie – Datenschutz – geistiges Eigentum“ transcript Verlag

Stichwörter und Personen